Sabine Dell'mour

Ganzheitliche Reitpädagogik

Sabine Dell'mour

Ganzheitliche Reitpädagogik

Leitfaden für einen einfühlsamen Reitunterricht

Leopold Stocker Verlag

Graz – Stuttgart

Umschlaggestaltung:
DSR Werbeagentur Rypka GmbH, 8143 Dobl/Graz

Bildnachweis:
Alle Bilder von Karin Haas, www.faszination-pferd.com

Der Name Dell'mour® ist eine eingetragene Marke und geschützt.
In den Beiträgen wird das Zeichen ® und die Kombination Ganzheitliche Reitpädagogik nach Dell'mour® wegen der Häufigkeit der Erwähnung weggelassen.

Bibliografische Information Der Deutschen Bibliothek
Die Deutsche Bibliothek verzeichnet diese Publikation in der Deutschen Natio-
nalbibliografie; detaillierte bibliografische Daten sind im Internet unter
http://dnb.ddb.de abrufbar.

Hinweis: Dieses Buch wurde auf chlorfrei gebleichtem Papier gedruckt. Die zum
Schutz vor Verschmutzung verwendete Einschweißfolie ist aus Polyethylen chlor-
und schwefelfrei hergestellt. Diese umweltfreundliche Folie verhält sich grund-
wasserneutral, ist voll recyclingfähig und verbrennt in Müllverbrennungsanlagen
völlig ungiftig.

Auf Wunsch senden wir Ihnen gerne kostenlos unser Verlagsverzeichnis zu:
Leopold Stocker Verlag GmbH
Hofgasse 5 / Postfach 438
A-8011 Graz
Tel.: +43 (0)316/82 16 36
Fax: +43 (0)316/83 56 12
E-Mail: stocker-verlag@stocker-verlag.com
www.stocker-verlag.com

ISBN 978-3-7020-1281-6

Layout und Repro: DSR Werbeagentur Rypka GmbH, 8143 Dobl/Graz, rypka.at
Printed in Austria
Druck: Druckerei Theiss GmbH, A-9431 St. Stefan

Inhalt

Danksagung

Eine Reitpädagogik entwickelt sich nicht an einem Tag, sondern ist ein Prozess von Erfahrungen und Sammlung von Wissen über viele Jahre hinweg. Viele Menschen und Pferde haben meine Erkenntnisse geprägt bzw. erst ermöglicht. An dieser Stelle sei all meinen Schülern und Schülerinnen, meinen Lehrern und allen Pferden, von denen ich lernen durfte, gedankt. Ein besonders wichtiges Pferd war und ist für mich unser Hafloaraber „Galvano". Danke seinen Züchtern Leopold und Evelyn Arthofer aus Oberösterreich. Ein herzliches Dankeschön an Christa Sabathi, die einen wesentlichen Beitrag zur Entstehung des Namens „GRiPs" beigetragen hat. Sie „febst" und „gripst" erfolgreich im Sinne meiner Lehrmethode in Bad Schallerbach in Oberösterreich.

Jedoch maßgeblich bei der Verwirklichung und Umsetzung dieses Sachbuches haben mich folgende Menschen unterstützt: Mein lieber Cousin und Schriftsteller Reinhard Habeck hat mich stets ermutigt, mich an das Schreiben eines Buches heranzutrauen. Ebenso mein geschätzter Freund und Schriftsteller Martin Haller, der sich die Arbeit gemacht hat, das Manuskript auf Stilblüten und Sachrichtigkeit hin zu korrigieren. Meine liebe Schwester, Doris Dell'mour, Zoologin und Mutter von 4 Kindern, hat mit ihrer Kompetenz und Sorgfalt wesentlich zur Verbesserung des vorliegenden Buches beigetragen. Zuletzt danke ich in diesem Zusammenhang meinen Lektoren DI Josef Pollhammer und Frau Mag. Heike Pekarz, die mich geduldig und motiviert beraten haben.

Einen besonderen Dank auch an Karin Haas, die mit fachkundigem Auge sämtliche Fotos gemacht hat. In stundenlangem Einsatz erfüllte sie alle meine Motivwünsche!

Besondere Rücksicht musste während der Entstehung dieses Buches meine Familie nehmen! Daher Dank an meinen Mann Josef und an meine 4 Kinder Simon, Jakob, Rebekka und Aaron. Insbesondere danke ich aber meiner Tochter Rebekka, die meine Pferdeleidenschaft teilt.

Mag es vielleicht fast kitschig anmuten, aber es ist mir ein großes Bedürfnis, an dieser Stelle auch meinen Eltern zu danken – meinem Vater Albert Dell'mour und meiner Mutter Erna Dell'mour. Beide haben mich wesentlich unterstützt und mir bei manch „verrücktem" Vorhaben kopfschüttelnd, aber ihrer Tochter vertrauend, den Rücken gestärkt.

Sabine Dell'mour
im Frühjahr 2010

Die DVD „Lernen mit FEBS – Reitpädagogische Betreuung" ist über das LFI Oberösterreich erhältlich: www.lfi-ooe.at oder www.therapiereiten.at

Einleitung

Mehr als nur Reiten lernen

Die Rahmenbedingungen einer gesunden Lebensführung des Menschen haben sich in den letzten Jahrzehnten drastisch verändert. So ist zum Beispiel die Anzahl einzelner Familienmitglieder gesunken. Das ist einerseits positiv, weil Kinder mehr Zuwendung von den Eltern bekommen können, andererseits ergibt sich rein rechnerisch schon eine reduzierte Zahl potenzieller Gesprächspartner innerhalb der Familie, die zur Bewältigung von Problemen behilflich sein können.

Auch die Zahl alleinerziehender Mütter nimmt dramatisch zu und alltägliche Arbeitsbelastungen können nicht mehr auf viele aufgeteilt werden, sondern müssen von wenigen getragen werden. Aus dieser Belastung heraus resultierende fehlende geduldige Zuwendung hat seelische und körperliche Folgen für alle Beteiligten, da weniger Zuwendung erhöhten Stress für den Einzelnen bedeutet.

Die Welt um uns wird zunehmend unruhiger. Besonders in städtischen Ballungszentren ist der Mensch vielfältigen Reizüberflutungen ausgesetzt.

Kurz gesagt, das Leben wird immer schneller und der Stress nimmt allgemein zu. Moderne Forschungsergebnisse bestätigen die negativen Folgen von Stress.

Reiten lernen und der Kontakt zu Pferden können diese negativen gesellschaftlichen Entwicklungen unserer Zeit nicht aufhalten. Die Frage ist aber berechtigt, ob es möglich ist, über gezielte Handlungsweisen und eine durchdachte Pädagogik die Freizeit mit dem Pferd als Gegengewicht zu belastenden Lebensbedingungen für den Menschen zu nützen. Was müssen Reitlehrer beachten, wenn sie das Pferd

Entspannung mitten in der Natur

Gemeinsame Erfahrungen, Teamgeist und Forscherdrang tragen zur positiven Entwicklung der Persönlichkeit bei.

zur Unterstützung der Gesamtpersönlichkeit des Schülers einsetzen möchten? An welchen Faktoren können Eltern und Kunden die Qualität eines Betriebes einschätzen?

Kann Reiten lernen mehr sein als nur die Vermittlung von Reittechniken? Ich glaube, ja!

Es steht mir nicht zu, zwischen den unterschiedlichen Ansätzen der Reitbranche zu werten. Mit dem vorliegenden Sachbuch möchte ich einen Weg aufzeigen, der auch beschritten werden kann. Es geht mir darum, einen neuen, modernen pädagogischen Ansatz zu vermitteln, der die Landschaft der unterschiedlichen pädagogischen Ausrichtungen innerhalb des Reitunterrichts bereichern soll. Einen pädagogischen Ansatz, der die Gesamtpersönlichkeit des Menschen positiv beeinflusst!

Mein persönlicher Zugang

Erste Reit- und Pferdeerfahrungen mit halbwilden Shetlandponys

Pferde übten seit jeher eine große Faszination auf mich aus. Obwohl mitten in einer Großstadt aufgewachsen, brachte ich es immer wieder fertig, Kontakt zu ihnen zu bekommen.

Meine ersten einschlägigen Erfahrungen machte ich mit Ponys. Ich durfte während eines dreiwöchigen Aufenthaltes auf einem Bauernhof ohne Aufsicht mit halbwilden Ponys spielen. Gemeinsam mit den Kindern der Landwirte bastelte ich kunstvolle Halfter aus Hanf, die den kleinen Ponys angelegt wurden. Aus heutiger Sicht bezweifle ich die Wirkung dieser Hanfhalfter, aber damals hielten wir uns für echte Profis! Da es auch keine Sättel gab, war unser fragwürdiges Kopfstück das einzige Hilfsmittel zum Dirigieren der Pferde.

Eines Tages wurden die zwei Ponys von uns die leicht abschüssige Weide, auf der mehrere Kühe friedlich grasten, hinaufgeführt. Der Stall war am unteren Ende der Weide außer Sichtweite und es gefiel den Ponys gar nicht, dass wir sie von ihrem Zuhause wegführen wollten. Also drehten sie schnurstracks um und rasten Richtung Stall über die Weide retour. Bei dieser Aktion hatten wir versucht, auf die Pferderücken zu gelangen. Anfangs ist das allerdings nie gelungen, so dass wir zu Fuß die Wiese zurücklaufen und die Pferde wieder einfangen mussten.

Ich erinnere mich noch ganz genau an den Moment, als ich mich endlich auf den Rücken des Rappen geschwungen hatte: Er erstarrte, beförderte mich im nächsten Augenblick wieder auf den Boden und raste ohne mich weiter.

Wir spielten dieses Spiel stunden- und tagelang. Ich weiß nicht mehr, wie oft ich hinuntergefallen bin und in wie viele Kuhfladen mich Filou abgeladen hat, aber letztlich konnten wir mit beiden Ponys ausreiten. (Ehrlicherweise muss ich anmerken, dass kein einziger Ausritt ohne Sturz vom Pferd stattgefunden hat!) Trotz der unzähligen Stürze hatte ich nie Angst. Ich war hoch motiviert und sehr ehrgeizig, mein Ziel zu erreichen. Das Pony sollte sich willig reiten lassen!

Später besuchte ich dann verschiedene Reitschulen. Plötzlich wurde manches anders. Ich hatte wahrscheinlich das unglaubliche Pech, in der Fülle der qualifizierten Betriebe stets das Schwarze Schaf aufzuspüren. Jedenfalls war das einzig Spannende an den Reitstunden mein stets größer werdender Stress. Wo war das Gefühl von Freiheit, wo durfte ich selbständig Erfahrungen sammeln und Aufgaben lösen? Alles wurde vorgegeben. Ich durfte keine Lösungswege suchen. Man sagte, wie es zu machen war, und wenn ich es nicht konnte, dann war klar, dass ich zu untalentiert für das Reiten war.

Besonders schlimm war für mich immer das Galoppieren. Es widerstrebte mir, so, wie es mir befohlen wurde, mein Pferd mit den Fersen zu boxen oder mit der Gerte zu bearbeiten. Korrekte Hilfen beherrschte ich noch gar nicht und nie hat mich jemand gefragt, ob ich denn überhaupt galoppieren wollte! Mir schien, als ob es zur ehrenvollen Pflicht jedes Reitlehrers gehörte, seine Schüler galoppieren zu lassen. Wenn es dann nicht gelingen wollte, was bei mir immer der Fall war, steigerten sich sämtliche Lehrer so weit hinein, dass sie mir den Galopp offensichtlich „hineinbrüllen" wollten. Vergebens! Schade, dass nie jemandem eine andere Hilfestellung eingefallen ist – beispielsweise mich an die Longe zu nehmen!

Ich lernte, mit diesem Stress zu leben, aber das Gefühl, den Anforderungen nicht gerecht werden zu können, blieb. Es war mir sehr peinlich, da ich immer diejenige war, die den Ablauf der Reitstunde blockierte. Sogar noch als be-

Wir verstehen uns.

rufstätige Reitlehrerin hatte ich jahrelang Angst vor dem Galopp. Hatte ich jedoch wirklich Angst vor dem Galopp, wo ich doch gerade zu Beginn meiner Reitlaufbahn immer wieder sehr schnell und regelrecht „wild" geritten war, oder war es nicht viel eher die Angst vor dem Versagen, vor der Blamage?

30 Jahre später stellte ich im Rahmen eines Ausbildungsseminars meinen Kursteilnehmerinnen als Referentin folgende Aufgabe: „Beschreibe ein eher positives und ein eher negatives Erlebnis mit Pferden aus deiner Kindheit!" Das Ergebnis war erschreckend! Ein Großteil der positiven Er-

lebnisse wurde im direkten Kontakt mit den Pferden erlebt, während bei den negativen Erlebnissen immer Menschen beteiligt gewesen waren. Die Erlebnisse von Scham, Überforderung und Ausgeliefertsein lagen oft lange zurück, schmerzten aber auch noch Jahrzehnte später!

Ich stellte mir erneut die Fragen, die mich schon ein Reiterleben lang beschäftigten. Was ist es, was Menschen so positiv mit dem Pferd erleben? Welche Faktoren behindern die positive Beziehung zum Pferd, welche sind förderlich?

Von diesen Fragestellungen geleitet, entwickelte sich ein pädagogisches Konzept. Im Laufe der Jahre änderte sich meine Art zu unterrichten, die Stunden wurden lustvoller und lustiger. Die Reiter und Reiterinnen wurden fröhlicher und auch die Pferde beschwingter. Es entwickelte sich ein für die Gesamtpersönlichkeit meiner Schüler bedeutsames Lernfeld. Die kreative und ganzheitliche Reitpädagogik war geboren!

Fachliche und wissenschaftliche Hintergründe

Ich absolvierte mehrere fachspezifische Ausbildungen – immer auf der Suche nach neuen Antworten. Die reitfachlichen Ausbildungen, die über den Fachverband durchgeführt werden, brachten mir zwar eine reiterliche Vertiefung, aber meine Fragen über pädagogische Zusammenhänge im Reitunterricht konnte mir auch eine Vorlesung über Trainingslehre nicht beantworten.

Meine pädagogischen Ausbildungen brachten mich der Antwort schon ein Stück näher. Aber den wesentlichen wissenschaftlichen Hintergrund konnte mir die integrative Bewegungs- und Leibtherapie geben, die sowohl in der Therapie von Menschen mit unterschiedlichen Problemstellungen und Diagnosen als auch in der Pädagogik ihre Anwendung findet. Im Laufe der Zeit entstand zusätzlich zur praktischen Erfahrung, die mir aus dem Herzen kam, ein fundiertes und wissenschaftlich belegbares Lehrkonzept.

Was brauchen Menschen, um sich entwickeln zu können?

Die zentralen Fragen meiner Arbeitsweise sind:

- Wie geht es dem Menschen mit sich und mit dem Pferd?
- Wie kann ich den Weg zur Steigerung von Selbstkompetenz unterstützen?
- Wie kann ich die individuelle Beziehung zum Pferd positiv gestalten?

Bald war klar, dass jemand, der kein Gefühl für sich selbst entwickelt hatte, auch keines im Bewegungsdialog mit dem Pferd haben konnte. Wie soll jemand dann das Pferd wahrnehmen können, wenn er sich selbst kaum spürt?

In diesem Buch geht es im Wesentlichen um den Ansatz eines an den Bedürfnissen des Menschen orientierten Unterrichtens.

Ich hab dich einfach gern!

Reiten lernen kann mehr sein, als nur das Vermitteln von Reittechnik. Ich werde hier methodische und didaktische Wege aufzeigen, wie dieser Wert im Reitunterricht berücksichtigt und umgesetzt werden kann. Die Wurzeln meines ganzheitlichen Ansatzes sind in Erkenntnissen der Integrativen Bewegungs- und Leibtherapie sowie der Psychomotorik und der Gestaltpädagogik zu finden.

Reiten zu unterrichten, stellt eine große Herausforderung an Lehrpersonen dar. Nicht nur die Ausführung diverser Lektionen oder das Überwinden von Hindernissen sollen Gegenstand des Unterrichts sein. Der Bewegungsdialog zwischen Mensch und Pferd muss außerdem gesehen und verstanden werden. Die Aufmerksamkeit des Reitlehrers muss darüber hinaus auch auf die Befindlichkeit des Reitschülers und des Pferdes gerichtet sein. Mein ganzheitlicher Ansatz stellt diese komplexe Beziehung in das Zentrum des Unterrichts.

Im Kapitel „ Große Wünsche und ihre Erfüllung" werde ich auf emotionale Grundbedürfnissen des Menschen näher eingehen. Was wollen Menschen von Pferden? Die Seelenlandschaft des Reiters wird in diesem Kapitel anhand allgemeiner emotionaler Grundlagen beleuchtet. Ich werde bewusst machen, dass eine gute Beziehungsqualität zwischen Reitlehrer und Schüler positiv auf das Lernergebnis wirkt. Es wird deutlich, wie sehr sich positive seelische Erfahrungen auf den Körper auswirken und nachhaltige Effekte im Menschen bewirken.

Im Kapitel „ Abenteuer Reitunterricht" gehe ich auf entwicklungspsychologische Besonderheiten ein. Bei bestimmten Entwicklungsstufen der Kinder muss mit spezifischen Gefühlen und deren Auswirkungen gerechnet werden. Wie kann pädagogisches Einfühlungsvermögen bei solchen Krisen professionell zum Einsatz kommen? Altersbedingte Bewegungsmöglichkeiten bzw. Einschränkungen können darüber hinaus ebenso zu unterschiedlichen Krisen führen. Qualifizierter Unterricht muss demnach diese entwicklungsbedingten Besonderheiten berücksichtigen.

Will Reitunterricht modern und kundenorientiert, sprich am Menschen, orientiert sein, werden sich neue Wege regelrecht aufdrängen müssen. Im Kapitel „Ganzheitliche Reitpädagogik – kompetente Begleitung auf dem individuellen Weg zum Reiten" werde ich einen kreativen und modernen Ansatz verdeutlichen. Sie werden vom FEBSen lesen und das praktikable System der Reit- und Bodenkinder kennen lernen. Dabei eröffnen sich neue, auch wirtschaftlich interessante Möglichkeiten für Reitbetriebe und Eltern.

Gymnastizierung des Pferdes über Dressurarbeit.

Unter dem Aspekt der Sicherheit werde ich auf die Ausbildung der Pferde näher eingehen. Reiten lernen geschieht immer auf „dem Rücken der Pferde". Es muss diesem Rücken ein besonderes Augenmerk geschenkt werden. Welches Ausbildungsstadium muss ein Pferd mindestens haben, um den Anforderungen für die Umsetzung eines kreativen, modernen Ansatzes zu entsprechen? Welche Basisausbildung sollte jedes Pferd haben, damit es für den Grundlagenunterricht geeignet ist, egal ob es Dressur, Western oder einer anderen Disziplin angehört. Reiten lernen werde ich auch hinsichtlich der Sicherheit aus unterschiedlichen Gesichtspunkten beleuchten.

In der „Reitschule der Zukunft" werde ich die wichtigsten Eckpfeiler meines Ansatzes nochmals zusammenfassen.

So eine Lektion erfordert ein optimal bemuskeltes Pferd!

Faszination Pferd

Die Zahl der Pferde im deutschsprachigen Raum steigt in den letzten Jahren kontinuierlich. Die Pferdebranche ist nachweislich – trotz aktueller Wirtschaftkrise – eine Wachstumsbranche. Das Pferdevirus befällt nicht nur die „Wendy"-lesende Fangemeinde pubertierender Mädchen, sondern auch immer mehr Erwachsene verwirklichen sich den Traum vom Reiten. Es liegt die Vermutung nahe, dass es möglicherweise allgemein gültige Beweggründe gibt, warum Menschen von Pferden fasziniert sind. Doch welche Beweggründe sind das und können sie aus geschichtlichen und psychologischen Zusammenhängen heraus erklärt werden?

Viele Menschen – nicht nur Mädchen – äußern irgendwann einmal den Wunsch, reiten zu lernen. Aber auch jene, die keinen besonderen Antrieb für das „Auf-dem-Pferd-Sitzen" verspüren, können sich einer gewissen vom Pferd ausgehenden Faszination nicht entziehen. Ist es ihre Schönheit, ihre Schnelligkeit oder ihre Anmut, die diese Empfindungen in uns auslösen? Ist es der Umstand, dass unsere Kultur seit mehr als 6.000 Jahren eng mit der Haltung von Pferden verknüpft ist?

**Natursehnsucht –
in einer veränderten
Welt Pferde entdecken,
erfahren und erforschen**

**Mädchen und Pferde –
eine besondere Beziehung**

**Buben und Pferde –
eine besondere Beziehung**

Spielend reiten lernen

Geballte Kraft!

Natursehnsucht – in einer veränderten Welt Pferde entdecken, erfahren und erforschen

Wenn du mit Kindern ein Schiff bauen willst,
dann gehe nicht in den Wald und sammle Holz,
sondern wecke in ihnen die Sehnsucht nach dem großen, weiten Meer.
(Antoine de Saint-Exupéry)

Die Sehnsucht des Menschen nach Natur ist eine Gegebenheit. Ein stilles Plätzchen im Grünen, duftender Waldboden, zwitschernde Vögel – das lässt die Seele aufatmen! Vergessen wir jedoch nicht, dass ein Großteil der Menschen in größeren Städten lebt, wo es zwar laut Stadtplanung da und dort erlaubte Grünflächen gibt, dennoch viele wenig Gelegenheit haben, elementare Erfahrungen in der Natur machen zu können. Die meisten Kinder früherer Generationen konnten ohne Aufsicht Erwachsener in der freien Natur ihre sensitiven und sinnvollen Erfahrungen machen. Da wurden mit Axt und Nägeln Lager im eigenen Wald errichtet, stundenlang konnten sich die Kinder auf dem Heimweg von der Schule im Bachbett aufhalten oder „Räuber und Gendarm" spielen. Die Eltern waren oftmals mit Tätigkeiten in der Landwirtschaft schwer beschäftigt. Die Kinder hatten viele Möglichkeiten, zum freien Spiel und zur freien Bewegungsentfaltung. In der Auseinandersetzung mit der Natur konnten sie deren Gesetzmäßigkeiten kennen lernen und wesentliche Zusammenhänge des Lebens daraus begreifen. Sie entwickelten daraus Selbständigkeit und unterschiedliche Kompetenzen.

Ich erinnere mich an eine Erzählung eines lieben Freundes. Er war der einzige Junge eines Großbauern in Ungarn vor dem Zweiten Weltkrieg. Er hatte niemanden zum Spielen außer den Pferden seines Vaters. Sein Lieblingsspiel war es, zwischen den galoppierenden Pferden von Rücken zu Rücken zu springen. Das ist aus heutiger Sicht unvorstellbar! Mein lieber Freund ist jedenfalls ein begnadeter Reiter geworden. Er ist in der Lage, die

Natursehnsucht: Mitten in der Großstadt – Hund, Pony und ein wenig Grün sorgen für Entspannung

schwierigsten Pferde über seine Sitzeinwirkung und vor allem über seine Fähigkeit, sich auf die Psyche des Pferdes einstellen zu können, zu reiten.

In meinen Ausbildungslehrgängen erzählen Teilnehmerinnen gerne von Erlebnissen mit Pferden aus ihrer Kindheit. Die Sorglosigkeit früherer Zeit kann aus heutiger Sicht meistens nicht mehr nachvollzogen werden. Sehr oft ist die Rede davon, dass sie als Kind mit den Pferden völlig allein waren, möglicherweise einen Auftrag erfüllen mussten, wie die Tiere zu tränken oder auf die Weide zu führen.

Manche erzählen, dass sie sich einfach das Pony von der Weide geholt hätten und allein ausgeritten seien. Mit 7 Jahren!

Kinder heutiger Zeit haben in unserer zivilisierten Welt oft eine eingeteilte Kindheit. Vom Säuglingsalter an zeigen ihnen Erwachsene die Welt und nehmen ihnen oft die Möglichkeit, diese im eigenen Tempo nach individuellen Bedürfnissen entdecken zu dürfen. Das ist in jedem Fall gut gemeint. Später ermöglicht man seinem Kind weitere tolle Aktivitäten: Montags Klettern, dienstags Schwimmen und freitags Reiten. Die Eltern sind heutzutage oft zum Kindertaxi mutiert. Alle Aktivitäten sind toll, aber trotzdem – die „Frei"-Zeit ist zur „Aktivitäts"-Zeit geworden, in der dem Kind meist gesagt wird, was es tun soll.

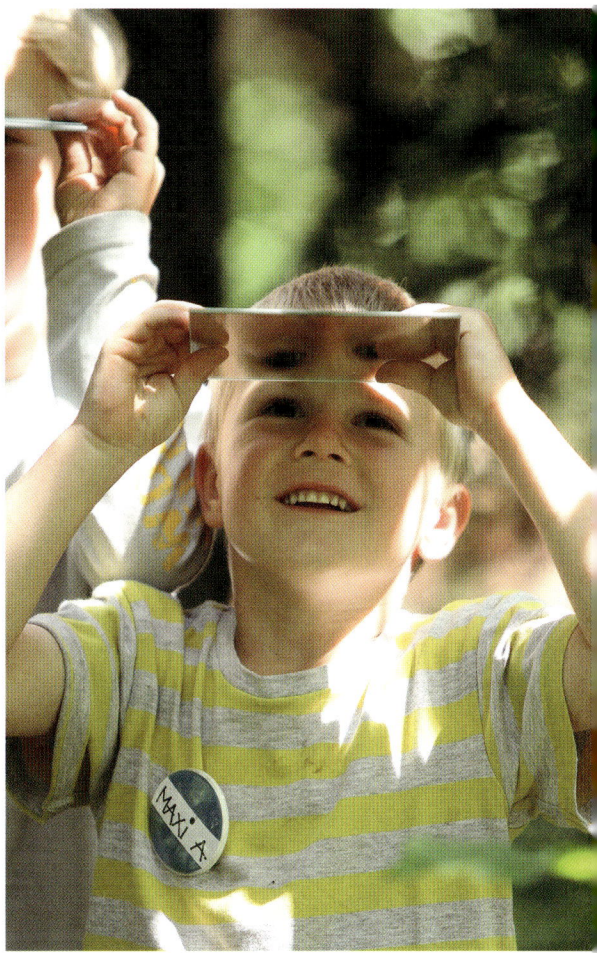

Zeit haben und staunen!

Richtige Freiheit erleben Kinder heutiger Zeit und in unserer Kultur weniger in freier Natur als vielmehr am Computer. Die Informationsflut ist so auch nicht kontrollierbar, so dass sich viele Probleme mittlerweile daraus ergeben, dass Kinder und Jugendliche unreflektiert Inhalte zu sehen und lesen bekommen, die oft in keiner Weise für sie förderlich sind.

Unkontrollierte Freiheit an technischen Geräten hat aber nichts mit freier Spiel- und Bewegungsentfaltung zu tun.

Dem modernen Erwachsenen geht es aber nicht viel anders. Zu viele Anforderungen müssen erfüllt werden. Er hat oft längst schon den Bezug zu den eigenen Bedürfnissen verloren.

In einem Vortrag über gesunde Lebensführung erklärte ein Humanmediziner, dass die WHO drei Säulen der Gesundheit annehmen würde – die Ernährung, die Bewegung und den Umgang mit Stress. Die höhere Wahrscheinlichkeit nachhaltiger Gesundheit liege in der Fähigkeit, gesunde Lebensmittel zu sich zu nehmen, für ausreichende Bewegung zu sorgen und kluges Stressmanagement betreiben zu können. Genau da kann moderner Reitunterricht ansetzen! Ausgehend von einer tiefen Sehnsucht nach Natur, einem Motiv fürs Reiten, können der Unterricht und die Begegnung mit dem Pferd derart gestaltet sein, dass Reiten lernen Entspannung und Aktivierung zugleich ist!

Ich möchte sogar so weit gehen zu sagen: Weil die veränderte Lebenswelt für Kinder der heutigen Zeit eine Reduzierung an wohltuenden Naturerfahrungen mit sich bringt, darf moderner Reitunterricht nicht zu Stress und Verspannungen führen!

Die aktuelle Studie über die Marktsegmentierung von Reitsport in Österreich von Christof Mechtler bestätigt, dass viele Reiter als Motiv für das Reiten die Naturverbundenheit und die Möglichkeit zum Entspannen angeben.

Reiten lernen kann also auch unter dem Gesichtspunkt der Natursehnsucht gesehen werden und speziell diese Bedürfnisse im Menschen auffangen und befriedigen. Deshalb werden wohl auch oft viel zu früh Ausritte angeboten, obwohl die reiterliche Kompetenz bei Weitem noch nicht ausreicht. Das

Gymnastizierung des Pferdes ist auch mit Reitgurt möglich.

ist gefährlich! Aber auch ungeübten Reitern können Erlebnisse mit dem Pferd in der Natur angeboten werden, die ihn nicht gefährden! Vergessen wir nicht, dass allein der Kontakt zu dem Pferd – als Teil der Natur – schon Naturerlebnis ist. Auch am Reitplatz und im Stall können nachhaltige, gesunderhaltende Erfahrungen gemacht werden. Dazu braucht es meiner Meinung nach jedoch neue Konzepte und zielgerichtete Angebote, bei denen über das Pferd Naturbegegnung und

*Wie viele Zähne
hat das Pony?*

Naturerfahrung vermittelt werden – besonders, was deren Effekte auf den Menschen anbelangt, nämlich Entspannung und Bewegung.

Das Pferd kann jedoch nicht nur Vermittler von Naturerfahrungen sein, sondern selbst ihr Gegenstand.

Pferde entdecken, erfahren, erforschen! Passiert das automatisch oder kann es dafür Unterstützung geben?

„Pferde entdecken" heißt, das Wesen Pferd verstehen zu lernen und ihre verhaltensbiologischen Besonderheiten und ihre individuelle Persönlichkeit kennen zu lernen.

Es heißt aber auch, Wissen über sie zu erlangen. Welche Rassen, Farben und Typen gibt es? Welche Krankheiten kann man selber erkennen? Worauf muss geachtet werden, um Krankheiten zu verhindern? Viele fachspezifische Fragen tauchen da auf und beschäftigen pferdebegeisterte Menschen.

Üblicherweise wird ein bestimmtes Grundwissen schon bei Basisprüfungen, wie z. B. Reiterpass und -nadel in Österreich oder das Deutsche Reitabzeichen in Deutschland, abgeprüft, das oft in erster Linie über Lesen angeeignet wurde. Das ist prinzipiell ja in Ordnung, aber um wieviel einprägsamer ist dagegen ein Erfahrungsschatz, der über neue Lehrmethoden erarbeitet werden kann? Neurobiologische Forschungen haben nachgewiesen, dass Lernen über aktive Auseinandersetzung wesentlich nachhaltiger ist. Speziell auf die Bedeutung der Bewegung und Freude wird dabei hingewiesen.

Für die meisten von uns ist Lernen mit unangenehmen Erinnerungen an die Schulzeit verbunden. Trotz brandneuer wissenschaftlicher Ergebnisse sind viele Lehrer höchstens in der letzten Woche des Schuljahres, meist Projektwoche genannt, bereit, vom traditionellen Einerlei Abstand zu nehmen. Selbstverständlich gibt es erfreulicherweise auch motivierte Lehrer, die den Schulalltag mit neuen Ideen erhellen. Obwohl man mittlerweile nicht nur annehmen kann, sondern weiß, wie wichtig Freude, emotionale Beziehung, aktive, forschende Auseinandersetzung mit allen Sinnen und das Finden eigener Lösungen für das Lernen und die Denkleistungen sind, arbeiten leider immer noch viel zu wenige Lehrer mit neuen Methoden.

Optimale Bedingungen zum Lernen erhöhen den Lernerfolg

> Gerade die Umgebung eines Reitstalles bietet **optimale Bedingungen für moderne Lernstrategien.** Es ist schade, wenn man auch hier den alten Lern-Eintopf anbietet, also Vortrag und Auswendiglernen.

Viel interessanter und nachhaltiger ist ein Vermittlungskonzept, das zur forschenden, aktiven Auseinandersetzung motiviert. Statt auswendig soll inwendig gelernt werden! In diesem Buch werden unterschiedliche Anregungen dazu gegeben.

Mädchen und Pferde – eine besondere Beziehung

Warum sind Mädchen von Pferden so begeistert?

Reitställe sind zweifelsohne regelrecht bevölkert von Mädchen. Reitend und pflegend, verbringen sie einen Großteil ihrer Freizeit beim Pferd. Der Wunsch nach einem eigenen Pferd steht meistens auf ihrer Wunschliste ganz oben. Unzählige T-Shirts mit Ponymotiven, Pferdewecker, Sticker und viele andere begehrenswerte Objekte finden so problemlos ihre Abnehmerinnen. Warum sind so viele Mädchen und Frauen von Pferden so begeistert?

Eine Meinung, die oft am Wirtshaustisch verbreitet wird, besagt, dass Mädchen „Sexualität" einüben würden. Das Pferd sei quasi ein Übergangsobjekt bis zum ersten Freund. Die schaukelnde Bewegung und der Rhythmus seien das Präludium, bis es dann endlich „ernst" würde. Die Frau, sprich das Mädchen, würde dann ihrer eigentlichen

Ponys laden zum Kuscheln ein.

Bestimmung zugeführt werden. Der heißersehnte Mann würde nun das Pferd in den Hintergrund drängen. Das Pferd wäre für das Mädchen nicht mehr notwendig.

Diese Meinung entsteht in erster Linie aus der Phantasie des Beobachters, denn aus der Sicht eines Sachkundigen.

Einen interessanten Ansatz zu der Frage, warum so viele Mädchen und Frauen reiten, findet man in der Studie „Warum Mädchen und Frauen reiten" (Universitätsbibliothek Kassel 1994) von Harald A. Euler und Helga Adolph. Sie stellen einen Bezug zur Bindungstheorie John Bowlbys her und sehen Pferdeliebe als Bindungsphänomen. John Bowlby war Kinderarzt, Kinderpsychiater und Psychoanalytiker. Er stellte erstmals die förderlichen Aspekte der Mutter-Kind-Beziehung ins Zentrum des Interesses und gilt mit seinem 1969 erschienenen Werk „Bindung – eine Analyse der Mutter-Kind-Bindung" als Vater der Bindungstheorie. Das ist eine Theorie, der ich durchaus viel abgewinnen kann.

Pferde unterstützen Mädchen bei der Loslösung vom Elternhaus, ermöglichen **aufregende Aktivitäten**, bleiben „treu", lassen sich mit allem Kummer beladen und schenken trotzdem eine sehr breite Schulter zum Anlehnen.

Wir haben denselben Friseur!

Aus der sichereren Bindung zum Pferd, aus dem Gefühl des Sich-verlassen-Könnens unterstützt das Pferd, ebenso wie eine stabile Mutter-Kind-Beziehung, den Mut, Neues auszuprobieren. In diesem Sinne ist das Pferd sicher ein Stabilisator in der aufgewühlten Zeit der Pubertät. Pferde sind stark, schnell, geben Schutz und sind verlässlich – Eigenschaften, die auch erwachsene Frauen immer noch schätzen!

Interessant scheint mir auch ein kurzer Ausflug in die nähere Vergangenheit. Während es früher Kulturen gab, wo reitende Frauen zum alltäglichen Bild gehörten, war in unserer jüngsten Vergangenheit Reiten eine Männerdomäne. Vielleicht ist auch ein wenig emanzipatorisches Denken dabei, eine Art Machtübernahme, wenn Mädchen und Frauen heutzutage reiten.

Aus den Bindungstheorien lassen sich auch wesentliche Schwerpunkte für eine positive Lehrer-Schüler-Beziehung ableiten. Ein konstantes, zuverlässiges Verhalten gegenüber den Schülern erhöht das subjektive Sicherheitsgefühl der Reiter und erhöht die daraus folgende Freude am Ausprobieren!

Buben und Pferde – eine besondere Beziehung

Angesichts des historischen Bezugs muss man sich die Frage stellen, warum so wenig Buben heutzutage in unserer Kultur reiten.

Männer haben früher Pferde gejagt. Pferde waren für sie möglicherweise auch Partner bei Initiationsriten.

> Männer schmückten sich mit Pferden und ließen sich mit ihnen darstellen, um so ihre **Macht** und ihre **Stärke ausdrücken** zu können. Sie konnten auf Pferden Schlachten gewinnen und anschließend flott bei einer geliebten Frau sein.

Männer erleichterten sich auch die Arbeit in Wald und Feld mit Hilfe des Pferdes und konnten dank dieser Tiere ihre Rolle als Familienerhalter besser ausüben. Männer konnten außerdem viel Bewunderung einheimsen, wenn sie wilde Pferde zähmten. Zu guter Letzt sind die

Also mir gefällt's!   *Ich kann schon eine Hand auslassen!*

großen Reitmeister der Geschichte alle Männer, was die besondere Rolle noch verdeutlicht. Männer und Pferde – das ist eine ursprüngliche, gewachsene Beziehung.

Allerdings hat der Traktor das Pferd ersetzt und ist zum Statussymbol geworden.

Motorrad und Auto sind zweifelsohne schneller als das Pferd. So fährt „Mann" heute lieber mit dem Cabrio zur Freundin und parkt es vorm Haus, als dass er hinreitet und das Pferd an den Kirschbaum im Garten bindet. Aber ist dieser Umstand Grund genug, gar nicht mehr zu reiten?

Die Spanische Hofreitschule zu Wien hält die alte k. u. k.-Tradition noch hoch, wobei auch hier erstmals zwei Mädchen als Eleven aufgenommen worden sind. Reitende Männer genießen dennoch durchaus Ansehen! Auch in anderen Ländern wird die klassische Dressur vornehmlich von Männern durchgeführt, wie im Cadre Noir in Frankreich, wo allerdings auch Frauen reiten und Würde und Eleganz repräsentieren dürfen. Ebenso finden sich in spanischen Kulturen hauptsächlich Männer zu Pferd. Der Torero reitet stolz und imponierend durch die Straßen. Aber auch der Mythos des einsamen Cowboys in der amerikanischen Kultur wäre ohne Pferd nicht vorstellbar. Filme, wie „Der Pferdeflüsterer", stellen ebenso einen Mann ins Zentrum der Bewunderung. Warum reicht das alles nicht aus, um Burschen in die Ställe zu holen?

Ich ziehe gerne einen Vergleich mit dem Tanzen. Viele Männer sind tanzfaul, obwohl man sicher nicht sagen kann, dass Tanzen unmännlich wäre. Auf Tanzveranstaltungen ist es mittlerweile auch durchaus üblich und nicht peinlich, wenn Frauen miteinander ihre Kreise und Schwünge drehen, was bei zwei männlichen Partnern undenkbar wäre! Man würde ihnen sicherlich eine alternative sexuelle Ausrichtung nachsagen.

Soll ich auch auf das Pferd stiegen?

Die ORF-Fernsehshow „Dancing Stars" hat die Umsätze der Tanzschulen kräftig in die Höhe schnellen lassen. Plötzlich ist das Tanzen auch für die männliche Bevölkerung attraktiver geworden! Obwohl es in unserem Kulturkreis bei einem Großteil der Männer nicht „in" war, ist es gelungen, viele Männer und Buben erneut auf das Tanzparkett zu bringen. Sehr gut kann man an diesem Beispiel erkennen, dass durch Bewusstseinsbildung und Öffentlichkeitsarbeit plötzlich das Tanzen auch für Männer wieder attraktiv geworden ist. Ich kann mir gut vorstellen, wie „Riding Stars" als Pendant zu „Dancing Stars" die Anzahl der reitbegeisterten Buben deutlich in die Höhe schnellen lassen würde!

Wie das Tanzen hat auch das Reiten eine lange Tradition. Ich konnte bereits darlegen, dass auch Reiten absolut „männlich" ist. Wie kann es also gelingen, Buben und Männer erneut für das Pferd zu gewinnen? Ich bin überzeugt davon, dass es geeignete Angebote für sie geben kann. Das aktuelle Image, Reiten sei ein Mädchensport, nur etwas für Tussis oder Schwächlinge, ist für Buben natürlich wenig verlockend. Sie wollen unter ihresgleichen nicht lächerlich erscheinen. Und wählen deshalb oft lieber einen „Bubensport", wie zum Beispiel Fußball.

Buben wünschen sich **Anerkennung** innerhalb der Gruppe, Action, Abenteuer und Möglichkeiten, ihre Dominanz zu zeigen. Das sind aber auch Bereiche, die das Pferd bieten kann! Was Buben dagegen nicht wollen, ist Bevormundung.

Ich denke, dass Mädchen in unserer Gesellschaft wohl eher gelernt haben, duldsam zu sein. Ich kann nur darin eine Erklärung finden für manchen Gleichmut, den junge Damen an den Tag legen, wenn sie im Zuge manches Reitunterrichts verbal entwertet werden. Es ist oft unglaublich, was sie alles akzeptieren, nur um reiten zu können. Deshalb nehmen sie den möglicherweise rüden, entwürdigenden Ton in ihrem Reitstall als normal an.

Mädchen sind anders – Buben auch!

Buben lassen sich noch weniger gern als „Schlappsack" und „Wabbelpudding" zu Pferd bezeichnen, während Mädchen sich dadurch scheinbar weniger oft von ihrem eigentlichen Ziel, dem Reiten lernen, abbringen lassen. Glücklicherweise findet man immer weniger autoritäre Brüller und „witzige" Lehrer in den Ställen. Und glücklicherweise sind freundliche und einfühlsame Lehrpersonen im Vormarsch!

Es ist wahrlich eine große Herausforderung, Burschen für das Reiten zu begeistern.

> Dass auch zwischen **Pferden und Männern** eine besondere Beziehung herrschen kann, ist eindeutig. Schade, wenn es nicht gelingt, auf diesen traditionellen Beziehungen neu aufzubauen. Es entgeht den Buben viel, wenn sie auf das Pferd und das Reiten verzichten.

Beim Besuch eines Stalles trifft man jedoch auf eine Vielzahl von Mädchen und Frauen. 86 % der Reiter sind weiblich. Trotzdem zeigt eine große Zahl männlicher Reittrainer und Springasse, männlicher Pferdeflüsterer und Pferdeexperten, Obmänner und männlicher Funktionäre in Vereinen, wo es langgeht. Wo bleiben die 86 % Frauen? Wo haben die männlichen Granden reiten gelernt? Wo haben sie ihre Erfahrungen gemacht, sachbezogene Entscheidungen treffen zu können? Im Reitstall trifft man Männer und Burschen dagegen kaum an! Sollte man davon ausgehen, dass sie heimlich geritten sind, bevor sie sich in das Licht der Öffentlichkeit gewagt haben? Es ist ein Mysterium!

Ich zumindest konnte diese Fragen noch nicht klären!

Trotzdem bin ich bestrebt, mehr Buben für das Reiten zu gewinnen. Neue Konzepte können auch sie für das Pferd begeistern. Ich werde für dieses Ziel die reitpädagogische Betreuung vorstellen, einen neuen, moderneren Ausbildungsweg für Kinder. Dieser Reitkindergarten ist die ideale Möglichkeit, Buben bereits in einem frühen Alter für das Reiten zu gewinnen.

Neue Konzepte sollen Buben für Pferde begeistern!

Spielend reiten lernen

Kinderspiel
Der Mensch hört nicht auf zu spielen, weil er älter wird.
Er wird alt, weil er aufhört zu spielen.
(Oliver Wendell Holmes)

Spielen ist ein Grundbedürfnis des Menschen und schult seine Intelligenz.

> Das Spiel
> - hat eine wesentliche Bedeutung für die Entwicklung des Kindes.
> - gilt als die wichtigste Lernform in der Kindheit.
> - bedeutet Realität.
> - bietet Möglichkeit, Probleme und Konflikte darin zu lösen.
> - ist eine Vorbereitung auf das Leben und seine Anforderungen.

Wie müssen wir den Ball werfen, damit sich das Pferd nicht schreckt?

Tiere sind kein Spielzeug, heißt es. Pferde schon gar nicht. Einen Teddybären kann man nach dem Kuscheln in die Kiste legen und erst nach Monaten wieder herausholen, während ein Pferd ständige, verlässliche Betreuung braucht.

Ein unsachgemäßer Umgang mit den großen Tieren kann außerdem zu Unfällen und Verletzungen führen.

Wenn Kinder andererseits im Wald ein Versteck bauen und dabei mit Axt und Hammer arbeiten, sind sie zutiefst ins Spiel vertieft. Beim Umgang mit Werkzeug müssen sie ebenso auf eine korrekte Handhabung achten wie beim Umgang mit Pferden. Ich erinnere mich noch gut daran, wie meine damals 5- und 7-jährigen Söhne meinen Mann nachgeahmt haben, indem sie unzählige Nägel in ein Holzbrett geschlagen haben. Wir haben ihnen das erlaubt, obwohl sie mit einem echten Hammer gearbeitet haben. Heute, fast erwachsen, können sie ausgezeichnet mit diesen Werkzeugen umgehen!

Wenn Kinder Reiten lernen wollen, ist es wesentlich, ihnen einen kindgerechten Zugang dazu zu ermöglichen.

Kinder experimentieren im Spiel. Sie lernen elementare Zusammenhänge.

Im Spiel können sie sich mit den vielfältigen Anforderungen lustvoll auseinandersetzen und sollen ohne Leistungsdruck Erfahrungen sammeln können.

Im **entspannten** und **spannenden Spiel** werden das Fachwissen und die Anpassung an die Bewegung des Pferdes erlernt.

Im Spiel entsteht etwas unverwechselbar Eigenes – die zwei Buben sind in ihr Spiel vertieft.

Die Spielangebote sollen Phantasie und Kreativität gleichzeitig anregen. In allen Reitweisen kann dieser Ansatz angewendet werden. Wichtig ist jedoch, dass die Spiele dem Alter der Reiter entsprechen. So gesehen könnten sogar Erwachsene spielend Reiten lernen wobei ein 4-jähriges Kind möglicherweise mit einer Geschichte über Zwerge angeregt wird, während bei einem erwachsenen Schüler nichts gegen den Einsatz eines Balles spricht, um ihn zu verschiedenen Bewegungen am Pferd herauszufordern.

Spielend Reiten lernen meint mehr, als nur das Abhalten von jährlichen Reiterspielen. Es ist vielmehr eine Grundeinstellung, ob der Wert des Spieles anerkannt wird. Im Spiel erprobt sich der Mensch an sich selbst und dem Pferd. In der ganzheitlichen Reitpädagogik wird dem freien Spiel und der freien Bewegungsentfaltung gezielt Raum gegeben, während dabei keinerlei Anweisungen oder Anleitungen zum Reiten an sich gegeben werden.

Große Wünsche und ihre Erfüllung

Gefühle erkennen und Bewegung wahrnehmen – Über die emotionalen Grundbedürfnisse der Reiter

Über die heimlichen Wünsche von Reitern

Ich gehe in meiner Arbeit als Reitlehrerin immer davon aus, dass Menschen, die reiten wollen, von bestimmten Motiven geleitet sind. Darüber hinaus haben Menschen aber auch emotionale Grundbedürfnisse, die nicht unbedingt nur über das Reiten befriedigt werden können.

Egal, ob Kinder in der Schule sitzen, ob sie sich in einem Erlebnispark beweisen wollen, ob Menschen surfen oder klettern – wann immer Menschen auf Menschen treffen, entstehen Gefühle. Diese Gefühle können positiv sein oder auch negativ. Genau diesen Gefühlen widme ich in meiner täglichen Arbeit viel Aufmerksamkeit.

> Herrschen nämlich in erster Linie positive Empfindungen, ist der **Lernerfolg** wesentlich **größer** und **nachhaltiger**. So hat die Erfahrung gezeigt, dass es sich lohnt, Menschen mit ihren Gefühlen ernst zu nehmen!

Nur, wie kann ein Außenstehender Gefühle beim anderen erkennen? Wie kann man sicher sein, dass dieses oder jenes Gefühl in einer Situation vorherrscht?

Können Gefühle denn erkannt, also „gelesen", werden?

Gefühle erkennen und Bewegung wahrnehmen – Über die emotionalen Grundbedürfnisse der Reiter

Ein Lächeln ist ein Licht im Fenster der Seele,
ein Zeichen dafür, dass das Herz zu Hause ist.
(Verfasser unbekannt)

Wenn Reitlehrer ihre Aufmerksamkeit vermehrt auf die seelische Befindlichkeit ihrer Schüler und Schülerinnen legen, geschieht mehr als nur die Vermittlung von Reittechniken und Sachwissen rund ums Pferd.

Beim heilpädagogischen Reiten und Voltigieren oder anderen therapeutischen Angeboten zu Pferd werden diese Erkenntnisse schon längst für Menschen genutzt. Auch Firmen nützen heutzutage immer öfter die Besonderheit des Pferdes in Form von Seminaren, die den Teamgeist fördern sollen.

Pferde tun der Seele gut.

> Der Umgang mit dem Pferd kann **positiv** auf die **Persönlichkeitsbildung** wirken. Dafür braucht der Ausbilder neben der fachlichen Kompetenz auch ein pädagogisches Einfühlungsvermögen. In erster Linie braucht er aber die Bereitschaft, sich intensiv mit dem Menschen, dem Kind, dem Jugendlichen oder dem Erwachsenen, der den Reitbetrieb aufsucht, auseinanderzusetzen.

Wer hat sich schon einmal die Frage gestellt, aus welchem Grund Menschen einen Reitstall aufsuchen? Reiten lernen zu wollen ist einer, aber ist es auch der einzige Grund oder könnte es sein, dass hinter diesem Anliegen andere, vielleicht viel wichtigere liegen? Welche Bedürfnisse haben Menschen, wenn sie sich fürs Reiten entscheiden? Welche Gefühlsebenen wollen dabei angesprochen werden?

Das Erkennen von Gefühlen ist erlernbar!

Die menschliche Palette, Empfindungen zu zeigen, ist unglaublich groß! Da kann jemand beleidigt sein oder gar gekränkt. Möglicherweise ist er sogar zutiefst verletzt. Doch wie können die unterschiedlichen Emotionen auf dem Pferd vom Ausbilder erkannt werden? Ganz einfach: Indem er sich darin schult, denn Empathiefähigkeit ist lernbar!

Grundsätzlich können zwei Kategorien von Gefühlen unterschieden werden – positive und negative! Das sind einerseits Gefühle, die Menschen vermeiden wollen, und andererseits jene, die Menschen erreichen wollen. Kurz gesagt, menschliches Verhalten ist geprägt vom Ver-

Furcht

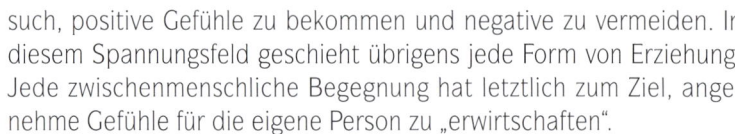

such, positive Gefühle zu bekommen und negative zu vermeiden. In diesem Spannungsfeld geschieht übrigens jede Form von Erziehung. Jede zwischenmenschliche Begegnung hat letztlich zum Ziel, angenehme Gefühle für die eigene Person zu „erwirtschaften".

Aus welchem anderen Grund sollten Kinder sonst folgen wollen?

> Das **Bedürfnis nach zwischenmenschlichen Beziehungen** ist angeboren und lebensnotwenig. Der Motivationsfaktor aller menschlichen Bemühungen ist die zwischenmenschliche Anerkennung und Wertschätzung, so dass Menschen Zuwendung finden und geben wollen.

Wut

Im Zusammenhang mit dem Reitunterricht habe ich eine Kategorisierung von emotionalen Befindlichkeiten aufgestellt. Reiten unterrichten und Reiten lernen ist immer eine Auseinandersetzung mit dem ganzen Menschen, dem Geist, der Seele und dem Körper. Wie lässt sich jedoch die Seele als Sitz der Gefühle erfassen? Heißt es doch: „Die Seele sei ein weites Land". Ist es nicht vermessen, versuchen zu wollen, dieser menschlichen Seele gerecht zu werden?

Ich unterscheide Vermeidungsgefühle
- Furcht
- Wut
- Scham
- Ekel
- Schmerzen
- Erniedrigung
- Schuldgefühle

Scham

und Wunschgefühle
- Freude
- Interesse
- Selbstbestätigung
- Nähe und Geborgenheit

Die Grundtendenz aller Menschen ist es also, einerseits negative Gefühle zu vermeiden und andererseits positive Gefühle zu haben. Wir sind zutiefst auf Kooperation ausgelegte Individuen. Positive zwischenmenschliche Beziehungen tragen wesentlich zu unserem Wohlbefinden bei, sind Motivationsquellen und bestimmen unsere Bereitschaft zu lernen. Die Gestaltung der Beziehungen hat für den einzelnen weitreichende Folgen. Neben den angeborenen Verhaltensweisen be-

Ekel

Gefühle erkennen und Bewegung wahrnehmen – Über die emotionalen Grundbedürfnisse der Reiter

Ein Lächeln ist ein Licht im Fenster der Seele,
ein Zeichen dafür, dass das Herz zu Hause ist.
(Verfasser unbekannt)

Wenn Reitlehrer ihre Aufmerksamkeit vermehrt auf die seelische Befindlichkeit ihrer Schüler und Schülerinnen legen, geschieht mehr als nur die Vermittlung von Reittechniken und Sachwissen rund ums Pferd.

Beim heilpädagogischen Reiten und Voltigieren oder anderen therapeutischen Angeboten zu Pferd werden diese Erkenntnisse schon längst für Menschen genutzt. Auch Firmen nützen heutzutage immer öfter die Besonderheit des Pferdes in Form von Seminaren, die den Teamgeist fördern sollen.

Pferde tun der Seele gut.

> Der Umgang mit dem Pferd kann **positiv** auf die **Persönlichkeitsbildung** wirken. Dafür braucht der Ausbilder neben der fachlichen Kompetenz auch ein pädagogisches Einfühlungsvermögen. In erster Linie braucht er aber die Bereitschaft, sich intensiv mit dem Menschen, dem Kind, dem Jugendlichen oder dem Erwachsenen, der den Reitbetrieb aufsucht, auseinanderzusetzen.

Wer hat sich schon einmal die Frage gestellt, aus welchem Grund Menschen einen Reitstall aufsuchen? Reiten lernen zu wollen ist einer, aber ist es auch der einzige Grund oder könnte es sein, dass hinter diesem Anliegen andere, vielleicht viel wichtigere liegen? Welche Bedürfnisse haben Menschen, wenn sie sich fürs Reiten entscheiden? Welche Gefühlsebenen wollen dabei angesprochen werden?

Das Erkennen von Gefühlen ist erlernbar!

Die menschliche Palette, Empfindungen zu zeigen, ist unglaublich groß! Da kann jemand beleidigt sein oder gar gekränkt. Möglicherweise ist er sogar zutiefst verletzt. Doch wie können die unterschiedlichen Emotionen auf dem Pferd vom Ausbilder erkannt werden? Ganz einfach: Indem er sich darin schult, denn Empathiefähigkeit ist lernbar!

Grundsätzlich können zwei Kategorien von Gefühlen unterschieden werden – positive und negative! Das sind einerseits Gefühle, die Menschen vermeiden wollen, und andererseits jene, die Menschen erreichen wollen. Kurz gesagt, menschliches Verhalten ist geprägt vom Ver-

Furcht

Wut

such, positive Gefühle zu bekommen und negative zu vermeiden. In diesem Spannungsfeld geschieht übrigens jede Form von Erziehung. Jede zwischenmenschliche Begegnung hat letztlich zum Ziel, angenehme Gefühle für die eigene Person zu „erwirtschaften".

Aus welchem anderen Grund sollten Kinder sonst folgen wollen?

Das **Bedürfnis nach zwischenmenschlichen Beziehungen** ist angeboren und lebensnotwenig. Der Motivationsfaktor aller menschlichen Bemühungen ist die zwischenmenschliche Anerkennung und Wertschätzung, so dass Menschen Zuwendung finden und geben wollen.

Im Zusammenhang mit dem Reitunterricht habe ich eine Kategorisierung von emotionalen Befindlichkeiten aufgestellt. Reiten unterrichten und Reiten lernen ist immer eine Auseinandersetzung mit dem ganzen Menschen, dem Geist, der Seele und dem Körper. Wie lässt sich jedoch die Seele als Sitz der Gefühle erfassen? Heißt es doch: „Die Seele sei ein weites Land". Ist es nicht vermessen, versuchen zu wollen, dieser menschlichen Seele gerecht zu werden?

Scham

Ich unterscheide Vermeidungsgefühle
- Furcht
- Wut
- Scham
- Ekel
- Schmerzen
- Erniedrigung
- Schuldgefühle

und Wunschgefühle
- Freude
- Interesse
- Selbstbestätigung
- Nähe und Geborgenheit

Ekel

Die Grundtendenz aller Menschen ist es also, einerseits negative Gefühle zu vermeiden und andererseits positive Gefühle zu haben. Wir sind zutiefst auf Kooperation ausgelegte Individuen. Positive zwischenmenschliche Beziehungen tragen wesentlich zu unserem Wohlbefinden bei, sind Motivationsquellen und bestimmen unsere Bereitschaft zu lernen. Die Gestaltung der Beziehungen hat für den einzelnen weitreichende Folgen. Neben den angeborenen Verhaltensweisen belegen Ergebnisse der Gehinrnforschung die große Bedeutung zwischenmenschlicher Beziehungen für alle Bereiche des Lebens.

> Sie bestimmen unter anderem unsere **Sicht über uns** selber, unsere Sichtweise, an Probleme heranzugehen und mit Stress fertig zu werden.

Nähe und Geborgenheit

Selbstbestätigung

Studien aus unterschiedlichen wissenschaftlichen Disziplinen, z. B der Lernforschung, belegen diese Annahmen. Ich werde später darauf noch näher eingehen.

Betrachten wir zum Beispiel die Einschulung von schulpflichtigen Kindern. Es ist schon eigenartig, dass fast alle Kinder neugierig, interessiert und voller Erwartungen auf spannende Dinge sind. Sie stehen dem Schulbesuch zunächst sehr positiv gegenüber. Diese Freude lässt aber bei einem Großteil der Kinder spätestens nach der ersten Klasse Hauptschule oder Gymnasium eklatant nach und negative Gefühle nehmen überhand. Frontalunterricht, zu wenige Möglichkeiten, die individuellen Stärken der Kinder zu berücksichtigen, und häufig das Gefühl, den Anforderungen nicht gerecht werden zu können, lähmen die Begeisterung der Kinder und der Lehrer. Die zwischenmenschliche Be-

Verachtung

Freude

ziehung kommt im Schulalltag oftmals sowieso zu kurz bzw. haben manche Lehrer daran oft gar kein Interesse, weil sie sich ihren Schülern nicht als Privatperson zeigen wollen, als Mensch mit Stärken und Schwächen, als Mensch mit Gefühlen und Stimmungen, als jemand, der auch Fehler machen kann.

Die Fülle aktueller wissenschaftlicher Ergebnisse aus der Neurobiologie und Lernforschung, nämlich wie Lernen erfolgreich gelingen kann, dringt, so scheint es, nur zu wenigen Schulen und Lehrern durch. Manche jedoch leisten hervorragende pädagogische Arbeit und trauen sich auch, neue Wege zu beschreiten. Beispielsweise beteiligen sie ihre Schüler vermehrt an der Unterrichtsgestaltung, verzichten auf vorschnelle Bewertungen und schaffen ein angenehmes Lernklima. Der positiven Beziehung zwischen Lehrer und Schüler wird dabei besonderes Augenmerk geschenkt.

Auch Reitunterricht als freizeitpädagogisches Angebot kann diese Punkte beachten und dadurch Reitschüler zu mehr Selbstverantwortung und Handlungskompetenz anregen. Jede Lernsituation soll Schüler aktiv an der Gestaltung des Unterrichts beteiligen, jede emotionale Beteiligung erhöht außerdem den Lernerfolg wesentlich. Unterricht wird somit spannend.

Spannender Reitunterricht soll folgende Punkte erfüllen:

> Wecke das Interesse deiner Reiter!
> Lass in den Reitstunden Freude und Fröhlichkeit aufkommen!
> Stärke das Selbstbewusstsein deiner Reitschüler!
> Ermögliche Gefühle von Nähe und Geborgenheit zu den Pferden!

Die scheinbar einfachste Art, Aufklärung über das Seelenleben der Reitschüler zu bekommen, ist, sie ganz einfach zu fragen. Eine meiner Fragen lautet: „Wie geht es dir heute?" Wer nun glaubt, ich würde diese Frage wahrheitsgemäß beantwortet bekommen, der irrt gewaltig. Die Standardantwort lautet immer kurz und bündig: „Danke, gut!"

Diese Antwort kommt stets sofort, ohne Rückbesinnung auf die aktuelle Befindlichkeit. Oder können Sie sich vorstellen, dass jemand, der mit vorgeneigtem Oberkörper, hochgezogenen Beinen, erhöhter Muskelspannung und sich tendenziell am Zügel festhaltend wohlfühlt? Ich nicht! Gerade im Anfängerunterricht ist das jedoch das durchaus übliche Bild, welches Reiter abgeben. An der vorschnellen Antwort kann man deutlich erkennen, dass wir alle gut gelernt haben, unsere Ängste zu überspielen und Körperempfindungen zu ignorieren.

Es besteht jedoch ein direkter Zusammenhang zwischen äußerer und innerer, also seelischer und gefühlsmäßiger, Bewegung. Das ist

Interesse

die große Chance für alle Reitlehrer, da Gefühle über Körperhaltung und Bewegungsabläufe erkannt werden können!

Der bekannte Spruch „Das Pferd ist der Spiegel des Reiters" besagt, dass es eine direkte Wechselwirkung zwischen Pferd und Mensch gibt. Auch die Beobachtung des Pferdes kann somit ebenfalls Aufschluss über den Reiter geben.

Will man im Kontakt mit seinen Reitschülern sein, Beziehungsangebote machen, einen Entfaltungsweg für Menschen über das Pferd ermöglichen, müssen emotionale Abläufe im Inneren des Menschen maßgeblich für die Unterrichtsgestaltung sein.

> Halten wir noch einmal fest, dass Reiten, sich gemeinsam mit dem Pferd bewegen, immer auch **Ausdruck einer inneren, seelischen Bewegung** ist und darüber hinaus eine direkte Wechselwirkung zwischen Mensch und Pferd besteht.

In Kontakt mit dem Kind

Das Pferd wirkt auf den Menschen, der Mensch wirkt auf das Pferd. Es entsteht also ein Bewegungsdialog. Wenn aber Bewegung Ausdruck des ganzen Individuums ist, dann kann in einem weit gefassten Verständnis von Bewegung dieser Dialog zwischen Mensch und Pferd auch als Seelenbewegungen verstanden werden!

Was ist denn ein Bewegungsdialog? In der Körperhaltung, in der individuellen Art und Weise, wie jemand sich bewegt, geht, sitzt, letztlich reitet, kann die aktuelle Tagesverfassung eines Menschen erahnt werden. Genauso, wie die Falten des Gesichtes Spuren der Lebensgeschichte eines Menschen darstellen, hat sich das bisher Erlebte in alle Körperhaltungen und Bewegungen eingeprägt. Jeder Mensch hat eine individuelle Bewegungsgeschichte und einen daraus entwickelten individuellen Körperausdruck!

Dass Pferde aktuelle und wechselnde Tagesverfassungen haben, ist hinlänglich bekannt. Manchmal „sticht sie der Hafer" oder sie zeigen sich lustlos bei der Arbeit. Selten macht man sich bewusst, dass auch Pferde eine individuelle Bewegungsgeschichte haben. Es ist für die Entwicklung eines Pferdes ein wesentlicher Unterschied, ob es auf weitläufigen Weiden im Kontakt mit anderen Jungpferden aufgewachsen ist

Lebensfreude pur!

Geglückter Bewegungsdialog

oder als „Einzelkind" in einem Reitstall mit täglichem Koppelgang. Nicht selten haben Pferde aufgrund früherer Verletzungen motorische Schwierigkeiten. So zeigt ein verschobener Halswirbel in der Ausführung mancher Lektionen sicher seine negative Wirkung!

Bewegungsdialog heißt also, dass zwei Lebewesen mit unterschiedlichen Bewegungsgeschichten und aktuellen Tagesverfassungen zusammentreffen. Sie treten in Kontakt zueinander und verständigen sich beim Reiten vornehmlich über diesen Körperkontakt. Dieses Miteinander (manchmal auch Gegeneinander, wenn die Abstimmung zwischen beiden wenig glückt) wird als Dialog bezeichnet.

> Je harmonischer die Kommunikation zwischen Mensch und Pferd verläuft, also je **besser** beide im **Bewegungsdialog** aufeinander abgestimmt sind, umso erfüllender und hinsichtlich der reiterlichen Umsetzung korrekter und ist das beidseitige Reiterlebnis.

Die theoretischen Hintergründe der verschiedenen Reitweisen und die Erkenntnisse der Bewegungslehre des Reitens liefern für den Reitunterricht, der letztlich das Erlernen des Dialogs unterstützen soll, eine Basis.

Ein einfühlsamer Unterricht muss immer Mensch und Pferd als Ganzes beachten.

Der Wiener Sportwissenschaftler Dr. Josef Kastner beschreibt Reiten als eng gekoppelte Bewegungseinheit. Jede Bewegung des Reiters wirkt auf das Pferd. Das gilt ebenso umgekehrt. Weiters sei nicht der „korrekte" Sitz, sondern eine natürliche Haltung auf dem Pferd zu erlernen.

Das Wort „natürlich" ist der Kontrapunkt zu „künstlich". Das heißt, dass Reiter jene Haltung zu Pferd einnehmen sollen, die für sie angenehm ist. Im traditionellen Reitunterricht gibt es dagegen ein äußeres korrektes Erscheinungsbild, an das alle Reiter möglichst nahe heranzuführen sind. Viele Reitlehrer geben üblicherweise Anweisungen, die zur Normierung des Reitsitzes führen sollen. Muskelverspannungen sind allerdings fast immer die Folge davon.

Zwei gegeneinander. Der Reiter ist hinter der Bewegung und hält sich an den Zügeln fest.

Beispiel – Kenntnis der Bewegungslehre

Eine Reiterin zieht die Fersen hoch – es folgt die Anweisung „Fersen tief!" Die Reiterin kommt der Anweisung nach, aber ihr Sitz ist plötzlich deutlich steifer.

Die Ursache der hochgezogenen Fersen wurde nicht erkannt. Die Anweisung war nicht hilfreich, wenn sie zu Steifheit führt. Sehr oft liegt die Ursache nicht in dem Körperteil, an dem man die Auswirkung des Sitzproblems sieht, sondern an einem anderen, weiter weg gelegenen Körperteil. Die Ursache hochgezogener Fersen ist fast immer in einem hochgezogenen Bein, also Oberschenkel oder Knie, zu finden. Die Hilfestellung für die Korrektur muss also aus der Hüfte heraus passieren.

Im Internet-Lexikon „Wikipedia" lässt sich folgende Definition der Bewegungslehre finden:

> In der Entwicklung der Bewegungswissenschaft haben sich in neuerer Zeit vier Betrachtungsweisen besonders durchgesetzt: Die biomechanische, die ganzheitliche, die funktionale und die fähigkeitsorientierte Betrachtungsweise. Die Bewegungswissenschaft beschäftigt sich mit den verschiedenen Faktoren und Aspekten, die für das Zustandekommen menschlicher und sportlicher Bewegungen bedeutsam sind.
> (http://de.wikipedia.org/wiki/Bewegungswissenschaft, Zugriffsdatum: 27.Jänner 2009)

Aus dieser Definition ist ersichtlich, dass die Bewegungslehre grundsätzlich jeder Bewegung neben den biomechanischen und funktionalen Aspekten auch eine Gefühlskomponente zuschreibt. Die ganzheitliche Betrachtungsweise nimmt darauf starken Bezug. Bewegung wird dabei aus verschiedenen Blickwinkeln heraus untersucht. Einerseits bestimmen biomechanische Faktoren jeden Bewegungsablauf. Welche inneren Abläufe, Stoffwechsel, Blutdruck, aber auch wie sich unterschiedliche Nahrung auf die sportliche Leistung auswirken, sind beispielsweise Themen der Biomechanik. Andererseits erforscht die Bewegungslehre grundsätzliche, funktionale Bewegungsmöglichkeiten, die bei der Ausübung von sportlichen Tätigkeiten erfolgen. Welche Bewegungsmöglichkeiten bieten zum Beispiel die unterschiedlichen Gelenke? Wie wirkt sich der Trab auf die Hüfte des Reiters aus? Wie pflanzt sich der Trab in der Wirbelsäule fort, welche Auswirkungen hat diese Bewegung auf den menschlichen Nacken?

Fast unabhängiger Sitz im Galopp – die Reiterin hält sich am inneren Zügel fest

Die individuellen Fähigkeiten jedes Menschen haben jedoch ebenso einen wesentlichen Einfluss auf das Erlernen sportlicher Tätigkeiten. In der fähigkeitsorientierten Betrachtungsweise werden die Merkmale persönlicher Fähigkeiten in den Mittelpunkt pädagogischer Handlungen gestellt. Welche Fähigkeiten bringt der Schüler also mit?

Ein fähigkeitsorientierter Fertigkeitsunterricht soll auf die individuellen Möglichkeiten **Rücksicht nehmen**, um unterschiedliche Fertigkeiten, wie z. B. das Angaloppieren, zu erlernen.

Die Bewegungslehre als Teildisziplin der Sportwissenschaften will den Menschen aber auch ganzheitlich betrachten – also Körper – Seele – Geist – Wesen.

Mein ganzheitlicher reitpädagogischer Ansatz stellt dieses Wissen in das Zentrum seiner Arbeitsweise. Reiten lernen ist in meinen Augen ein ganzheitlicher Prozess. Der Mensch ist Körper, Seele und Geist. Das Lernen erfolgt bei mir immer unter Einbeziehung aller genannten Komponenten.

Begnadete Reitlehrer haben zu allen Zeiten diese Tatsache berücksichtigt. Sie waren in der Lage, **vertrauensvolle Beziehungen** zu ihren Schülern aufzubauen und sie auf allen Ebenen anzusprechen. Dazu gehört eine große Portion Einfühlungsvermögen, das genauso erlernt werden kann wie reittheoretische Grundlagen.

Einerseits braucht es das Wissen um die allgemeinen seelischen Bedürfnisse von Mensch und Pferd, andererseits muss man sich mit dem Bewegungsausdruck der Reiter sowie der Pferde auseinandersetzen.

Über die heimlichen Wünsche von Reitern

Wohlfühlen beim geführten Ausritt!

„Pferdeflüstern" und ein Pferd „lesen" sind seit Jahren gängige Begriffe in der Pferdeszene. Wie kann aber die Seele gelesen werden? Was verrät der Körper über den Menschen?

Menschen streben nach Befriedigung ihrer oft unbewussten Wünsche. Eine pädagogische Prämisse ist der Anspruch, „jemanden dort abzuholen, wo er steht".

Das bezieht sich auf die Fähigkeit, einfühlend auf den Mitmenschen eingehen zu können, also einschätzen zu können, was jemand schon kann oder weiß und ebenso die aktuelle Tagesverfassung des Schülers wahrzunehmen. Werden Menschen mit ihren Bedürfnissen und Wünschen ernst genommen, fühlen sie sich akzeptiert und wohl.

Aus der Stressforschung ist belegt, dass **„sich wohlfühlen"** ein wesentlicher Faktor für Lernen ist. Man spricht dann von einem positiven Lernumfeld.

Zum Wohlfühlen gehört auch der Wunsch nach Sicherheit. Unsicherheit erzeugt Angst, Angst bedeutet Stress und dieser ist ein schlechter Partner fürs Lernen! Daher ist der Wunsch nach einem sicheren Umfeld grundlegend.

Ich will Pferde verstehen können – Das Streben nach Sicherheit und Kontrolle

Der Kontakt zu Pferden stellt eine völlig neue Situation für die meisten Menschen dar. Neues macht neugierig, aber auch unsicher, weil die eigene Handlungskompetenz aufgrund der unbekannten Bereiche wesentlich eingeschränkt ist. Die Umgebung des Reitstalles oder des Bauernhofes ist fremd. Der Reitlehrer oder die Reitlehrerin sind unbekannt, ganz zu schweigen von dem riesengroßen Pferd, dessen Verhaltensweisen man nicht kennt und nicht deuten kann. Angesichts der Tatsache wird bewusst, dass großes Vertrauen notwendig ist, sich auf den Reitlehrer und auf die Gutmütigkeit des Pferdes zu verlassen.

Lehre der Grundtypen für Sicherheit und Kontrolle

Ich unterscheide vier Grundtypen von Reitern:

- **Typ 1:** Jene, die beim Umgang am Boden mit dem Pferd sehr unsicher sind und stets erleichtert sind, wenn sie endlich oben sitzen.
- **Typ 2:** Jene, die beim Umgang am Boden mit dem Pferd keinerlei Unsicherheiten zeigen, aber am Pferd ängstlich werden.
- **Typ 3:** Jene, die generell unsicher sind.
- **Typ 4:** Jene, die trotz faktischer Unwissenheit, weil sie Anfänger sind, eher nicht ängstlich sind.

Ich gehörte jahrelang zu Typ 1. Ich konnte die Reaktionen des Pferdes nicht verstehen. Und niemand bemühte sich, mir dabei zu helfen. Warum ich ängstlich war, hat überhaupt niemanden interessiert. Da konnte ich eher hören, dass man meinte, ich solle mich nicht so anstellen!

Das einzige, was ich mit auf den Weg bekam, waren die Standardinformationen, man dürfe nicht hinter einem Pferd vorbeigehen, und wenn es die Ohren zurücklege, müsse man besonders aufpassen. Das war mir eindeutig zu wenig, um ein sicheres Gefühl beim Umgang mit Pferden zu bekommen!

Menschen haben ein Sicherheits- und Kontrollbedürfnis.

Aus meiner eigenen Erfahrung und dem jahrzehntelangen Unterrichten erkenne ich, dass jeder Mensch ein Sicherheits- und Kontrollbedürfnis hat. Vertrauen ist gut, aber erst die eigene Sach- und Handlungskompetenz schafft Sicherheit.

Wie kann aber dem Bedürfnis nach Sicherheit und Kontrolle im Reitunterricht Rechnung getragen werden?

Der Versuch, **vorweg** sämtliche Sicherheitshinweise anzusprechen, stellt in jedem Fall eine Überforderung dar. Nicht nur Kinder, sondern auch Erwachsene sind von den ersten Eindrücken
im Reitstall lange Zeit immer aufs Neue überwältigt.

In diesem Zusammenhang kann eine phänomenologische Betrachtungsweise des Pferdes helfen – also es werden keine Vorträge abgehalten,
sondern relevante, im Moment auftretende „Äußerungen" und Verhaltensweisen des Pferdes werden verständlich erklärt und in einen Zusammenhang gebracht. Dieses „Übersetzen" der aktuellen Verhaltensweise
muss natürlich an das Alter der Reitschüler angepasst werden!

　　Woran kann der Reitlehrer erkennen, mit welchem Typ er es zu tun
hat und wie er dann in weiterer Folge mit pädagogischem Einfühlungsvermögen auf die verschiedenen Typen eingehen kann?

Typ 1: Fürchtet sich am Boden, fühlt sich sicher auf dem Pferd

Wann immer es möglich ist, biete ich im Rahmen des Unterrichts die Möglichkeit, die
Pferde zu putzen und herzurichten oder auch
(in unserem Fall, weil wir eine Gruppenhaltung
haben) die Pferde selbst aus dem Stall oder
von der Koppel zu holen. Ich sehe im Kontakt
am Boden eine große Chance, Pferdeverständnis zu erlernen.

　　Unser Putzplatz ist direkt in der Reithalle,
an die die Sattelkammer angeschlossen ist.
Ich bin immer anwesend und unterstütze
meine Schüler, wenn sie mich brauchen.

Die gerunzelte Stirn verrät die Unsicherheit am Boden.

Wie kann man ihn erkennen?

■ Das Zugehen auf das Pferd ist vorerst flott,
doch je näher der Schüler dem Pferd
kommt, umso langsamer und zaghafter
werden seine Schritte. Das Anlegen des
Halfters gelingt fast nie, das Einhängen des
Führstrickes gestaltet sich mühsam.

■ Jede Bewegung des Pferdes lässt diesen
Typ zurückschrecken.

■ Beim Putzen werden die Bürsten sehr locker gehalten (so, als würde man diese lie-

Das Mädchen hält Distanz zum Pferd – der Oberkörper ist vom Pferd weggeneigt.

ber gleich wieder weglegen wollen) und mit wenig Druck geführt.

- Oft bleiben Stellen, wie am Bauch oder auf der Kruppe, ungeputzt.
- Beim Seitenwechsel fällt auf, dass der Schüler sehr lange überlegt, wie er nun zur anderen Seite des Pferdes kommen könnte. Er huscht eiligst vorne vorbei oder er macht einen extra großen Bogen hinter dem Pferd herum.
- Sämtliche Handlungen am Boden werden zaghaft und unvollständig durchgeführt.
- Endlich auf dem Pferd wirkt dieser Typ erleichtert und fröhlich.

Unterstützungshilfen für Typ 1

- Bei allen Handlungen mithelfen.
- Zusammenhang von Körperausdruck und Körpersprache des Pferdes geben.
- Kleines, braves Pony holen und putzen lassen – die Situation wird für die Schüler aufgrund der geringeren Körpergröße des Tieres überschaubarer!
- In den Reitunterricht Teile einer Bodenarbeit einbauen – z. B. Führen und Anhalten am Boden.

Typ 2 – keine Angst am Boden, aber unsicher auf dem Pferd

Wie kann man ihn erkennen?

- Typ 2 ist sicher und selbstbewusst im Umgang mit dem Pferd.
- Er traut sich, das Pferd in die Schranken zu weisen.
- Er ist oft der Letzte beim Aufsitzen.
- Auf dem Pferd sitzt er mit angezogenen Knien, vorgeneigtem Oberkörper, hochgezogenen Schultern, angepressten Schenkeln und zeigt eine Tendenz, sich am Zügel festzuhalten – Angstmuster.
- Das Angstmuster kommt aber oft nur in reduzierter Form vor, es kann auch nur die Tendenz vorhanden sein, sich am Zügel festzuhalten.
- Jede schnellere und unvorhersehbare Bewegung (z. B. Kopfschütteln des Pferdes, um Fliegen loszuwerden) verstärkt das Angstmuster.
- Manchmal kreischt Typ 2 vor Schreck.
- Bei Menschen, die bereits frei in der Bahn reiten können, ist jede Unsicherheit weg, wenn sie wieder an der Longe sind oder geführt werden.

„Bodenängstliche" fühlen sich neben dem Pferd nicht wohl.

Tipps zur Erkennung von „Reitängstlichen"

Dieses Mädchen fühlt sich am Boden sicher. Es ist dem Pferd zugewandt.

Die starre Hand, die angespannte Armhaltung bis hinauf in die Schultern und der angehaltene Atem lassen einen ängstlichen Buben vermuten. Das Kind braucht besondere Zuwendung.

Unterstützungshilfen für Typ 2

- Anwendung unterschiedlicher Führtechniken – Longe, Führen, Langzügel
- Beim Freireiten in der Nähe des Pferdes bleiben.
- Keinesfalls Übungen anbieten, die dem Reiter besonderen Mut abverlangen – besser geeignet sind Spiele ohne Wettkampfcharakter. Das lenkt ab und das Vertrauen zu sich und dem Pferd kann wachsen!
- Dosierte Aufgabenstellungen mit dem Pferd, Galopp generell nur an der Longe
- Schaffen von Erfolgserlebnissen

Typ 3 – ist generell unsicher
Beschreibung von Typ 1 und Typ 2

Unterstützungshilfen für Typ 3

- Siehe Typ 1 und 2

Typ 4 – fürchtet sich gar nicht

Typ 4 – ich nenne ihn „Wird schon nichts passieren"-Typ – ist meiner Meinung nach der gefährdetste von allen. Egal welches Pferd er in der Hand hat, ob es ihm bekannt oder fremd ist, dieser Typ strotzt vor Selbstsicherheit! Er zeichnet sich durch ein riesiges Gottvertrauen und eine krasse Unkenntnis der möglichen Gefahren aus. Wie die schon beschriebenen Typen, kommt er im Anfängerbereich, aber ebenso im Kreis der erfahrenen Reiter vor. Die große Zahl vermeidbarer Unfälle zeugen von seiner Sorglosigkeit.

Achtung vor Draufgängern!

Wie kann man ihn erkennen?

- Völlig selbstsicheres Auftreten, sorgloser Umgang mit dem Pferd
- Traut sich beim Reiten alles zu, bedenkt aber die Auswirkungen auf das Pferd oder sich selbst nicht.
- Fühlt sich im Unterricht oft unterfordert und will „mehr".
- Die eigenen Fähigkeiten werden gerne überschätzt.
- Unterbricht Erklärungen, weil er eh schon alles weiß.
- Beschwichtigt Warnungen.
- Befolgt Sicherheitsmaßnahmen nicht oder unzureichend.
- Verharmlost schwierige Pferde, oft auch verbal in der Gruppe (den Bock kann keiner reiten, nur ich trau mich rauf …).

Unterstützungshilfen für Typ 4

- Vermehrtes Ansprechen verhaltensbiologischer Tatsachen beim Pferd
- Anregungen und Aufgabenstellungen für achtsames Beobachten der Reaktionen des Pferdes
- Interessante Stundengestaltung – Möglichkeit zum selbständigen Lösen gestellter Aufgaben (z. B. selbständiges Aufstellen eines Slaloms – wie eng, wie weit muss er aufgebaut werden, damit das Pferd sich biegen muss, im Trab durchkommt und vieles mehr)
- Vermehrte Aufmerksamkeit der Reitlehrer auf Schüler dieser Ausprägung!

Mit zunehmender Sicherheit entwickeln sich manche Reiter zu Typ 4!

Tipp:

Jede Angst muss ernst genommen werden! Bieten Sie Unterstützung an und gestalten Sie überschaubare Angebote. Das hilft den Schülern, Ängste zu überwinden und selbständiger zu werden!

Auswirkungen aufs Pferd

Pferde riechen Angst und Unsicherheiten förmlich. Da Pferde Herdentiere sind und Rangordnungen festlegen, neigt auch das bravste Pferd dazu, einen ängstlichen Reiter zu unterdrücken oder aber sich von der Angst anstecken zu lassen!

> **Achtung!**
>
> **Beim Putzen könnte auch das bravste Pferd plötzlich zwicken oder beim Reiten schreckhaft werden! Nicht nur der Reiter, sondern auch das Pferd braucht Unterstützung, damit sie sich beide sicher fühlen können!**

Ich will eins sein mit meinem Pferd! – Die Sehnsucht nach Harmonie

Was ist Seeligkeit? Wiedervereinigung mit dem Ursprung. Wiedervereinigung wie die des Regentropfens mit dem Meere, wie die des welken Laubes mit der Erde, die es reifte. (Henrik Ibsen)

Verschmelzung – eins sein mit dem Pferd und der Welt!

Kennen Sie das Paradies auf Erden? Richtig – es liegt auf dem Rücken der Pferde! Wo jedoch war das Paradies für jeden von uns, noch bevor wir ein Pferd bestiegen haben? Ja – das Paradies auf Erden war im Bauch unserer Mütter. Da war es einfach perfekt! Warm, weich, schaukelnd bewegt, geschützt und immer genährt. Da kannten wir keinen Hunger und keinen Durst. Kälte oder andere Widerwertigkeiten störten ebenfalls unseren Seelenfrieden nicht! Wir hatten alle einmal einen Zustand der Verschmelzung. Nach der Geburt hält dieses tolle Gefühl meistens noch kurz an, doch leider verliert es sich spätestens ab dem Moment, wo wir Hunger haben und die Mutter sich noch keine Zeit für uns nehmen kann. Mist! Die Erkenntnis, dass es da noch etwas anderes gibt außer uns selber, das nicht so will wie wir, hat noch jeder von uns machen müssen! Nichtsdestotrotz streben wir immer nach dem Gefühl von gänzlicher Übereinstimmung.

> Von dem Pferd getragen sein, geschaukelt und gewärmt zu werden, lässt die Wünsche nach Verschmelzung neu erwachen! Das Pferd steht als neues Objekt zur Verfügung.

Niemand von uns kann sich an die Zeit im Mutterleib oder kurz danach erinnern. Aber alle können sich hoffentlich an die erste Zeit der intensiven Verliebtheit erinnern. Sie werden mich bestätigen: In dieser Zeit ist man unendlich stark, aber auch unendlich verletzlich! Man ist wie das Baby auf die wohlwollende Zuneigung des anderen angewiesen. Wenn Reiten jedoch symbiotische Wünsche unbewusst neu anregt, müssen Reiter auch verletzlicher sein als Menschen anderer Sportarten. Das wohlwollende Gegenüber sowohl des Pferdes als auch des Lehrers wird die zukünftige Beziehung zum Reitsport wesentlich mitbestimmen.

Reiter sind oft emotional verletzlicher!

Beispiel – Auf der Suche nach Harmonie

Mit einem Beispiel illustriere ich den unermüdlichen Wunsch reitender Menschen nach Erlebnissen von Übereinstimmung. Die 23-jährige Rosa reitet seit ihrem achten Lebensjahr. Sie hat Longenunterricht bekommen und ist später in der Bahn geritten. Die finanzielle Situation der Familie hat es allerdings nicht erlaubt, dass sie regelmäßig reiten konnte. In ihrer Kindheit und Jugend war der Kontakt zum Pferd deshalb sehr unregelmäßig. Erst als Erwachsene konnte sie etwa 1 x pro Woche Reitunterricht in einem bekannten Reitstall nehmen. Zentrale Schwierigkeit in der Ausübung des Reitens war für sie immer das Aussitzen des Trabes. Das konnte sie seit jeher nicht! Jeder Lehrer nahm ihre Unfähigkeit nach Erteilung erfolgloser Tipps resignierend zur Kenntnis.

Rosa nahm Bahnstunden und konsumierte Ausritte – das Gefühl, dass ihr in der Beziehung zum Pferd etwas Wesentliches abginge, ließ ihr aber keine Ruhe. „So schön das Ausreiten war, das konnte nicht alles gewesen sein!", war ihre Überzeugung.

Mit dem Pferd verschmelzen.

Schlussendlich bat sie mich um Unterstützung beim Aussitzen im Trab. Im Rahmen des Einzelunterrichtes stellten wir uns dieser Aufgabe. Ich sollte nun dort, wo zig Lehrer vor mir keine hilfreiche Unterstützung geben hatten können, den Stein der Weisen finden!

Ich empfehle ihr, mit einer Decke und einem Reitgurt zu reiten. Auffällig ist ihr nach vorne geneigter Sitz. Sie nimmt die Zügel des Pferdes vom ersten Schritt an sehr kurz. Ihr Gesichtsausdruck ist angestrengt und gespannt. Auf meine Standardfrage „Wie geht es dir?" kommt das prompte „Danke, gut!". Das ist nun wirklich unmöglich, dass sie sich in der Körperhaltung mit den angezogenen Zügeln wohlfühlen kann! In dieser Haltung ist ein anschmiegsames Aussitzen des Trabes funktionell schlichtweg unmöglich!

Ich will sie unterstützen, um ihren Sitz zu strecken. Mir ist es dabei jedoch wichtig, dass sie nicht einfach eine Bewegungsanweisung durchführt, sondern dass sich der Sitz aus ihrer reiterlichen Grundhaltung heraus entwickelt. Damit erreiche ich eine nachhaltige und dauerhafte Veränderung des Sitzes. Ich biete ihr an, die Zügel länger zu lassen. Sie ist sehr verwundert, dass sie das darf. Lange Zügel waren in allen Reitschulen, und das waren durchaus anerkannte, wie sie selber bemerkte, absolut verpönt.

Sie lässt die Zügel länger, bleibt aber trotzdem nach vorne geneigt sitzen. Ich rege sie zu folgender Übung an. Sie soll ihren Oberkörper langsam nach vorne und nach hinten bewegen, soll ausprobieren, wie weit sie es in beide Richtungen schafft, ohne dass es sich unangenehm anfühlt. So soll sie die Mitte ausfindig machen und ihre Pendelbewegungen allmählich kleiner werden lassen. In der Mitte soll der Oberkörper letztendlich zur Ruhe kommen.

Reiterin und Pferd bilden eine Einheit.

Ich fordere sie nun auf, ihre aktuelle Befindlichkeit wieder zu beschreiben. Sie fühle sich freier, könne aber nicht sagen, warum. Mit ihrer Einwilligung führe ich das Pferd nun an einem Strick und wir traben langsam an. Anfänglich immer nur 2–3 Trabschritte. Die kurzen Trabreprisen geben ihr die Möglichkeit eine erfolgreiche Anpassung an den Trab zu finden. Die Hüfte kann über den gestreckten Sitz frei schwingen, Rosa erlebt nach 15 Jahren das erste Mal, wie es sich anfühlen kann, wenn man mit dem Pferd eins ist. Ihr glücklicher Gesichtsausdruck spricht Bände!

Funktionale Übungen und emotionale Resonanz

Anschließend reflektieren wir die Reitsituation. Ich erläutere die Zusammenhänge der Trabbewegung. Zur Vertiefung des soeben Gelernten lasse ich sie ihren „alten" Sitz einnehmen und den neuen Sitz daraus entwickeln.

Zusammenfassung der methodischen Schritte

- Über die Frage nach dem Befinden erfährt die Reiterin Wertschätzung.
- Das Sitzproblem wird ernst genommen und die Reiterin in die Entscheidungen bezüglich Angebote innerhalb der Reiteinheit miteinbezogen. Der Lernprozess wird gemeinsam gestaltet. Ich fordere immer wieder ihr Feedback ein.
- Angebot einer rein funktionalen Übung. Die Übung ermöglicht ein Lernen über Erfahrung.

- Das Führen im Trab bietet zusätzliche Sicherheit. Die Reiterin kann sich völlig auf ihren Sitz konzentrieren.
- Vertiefung des Gelernten über das Angebot, das alte Sitzmuster einzunehmen und selber einen Weg in das neue Sitzmuster finden zu lassen.

Übung: Hilfestellung bei vorgeneigtem Sitz	Vorherrschende Grundemotionen
Voraussetzung: keine, altersunabhängig, auch an der Longe möglich, für jüngere Kinder in ein Spiel verpacken	
Zügel muss entsprechend lang sein, um Reiter (und Pferd) nicht zu behindern Oberkörper langsam vor- und zurücklehnen, die Mitte erspüren. Zur Mitte hin auspendeln und den Oberkörper zur Ruhe kommen lassen. Ziel: Die der individuellen Körperarchitektur entsprechende Mitte kann gefunden werden! Das Becken wird nun frei und kann sich leichter den Bewegungen des Pferdes anpassen.	**Interesse** am Schüler und seinen Problemen haben und sein Interesse wecken. Grundsätzlich positive **Erlebnisse** unterstützen. Der selbst erarbeitete Erfolg unterstützt das **Selbstbewusstsein.** In der Übereinstimmung der Bewegung mit dem Pferd kann der Reiter **Nähe und Geborgenheit** wahrnehmen.

Wie schon beschrieben, wünschen sich Menschen meist unbewusst symbiotische Gefühle, also Gefühle nach Verschmelzung. Vom Pferd getragen zu werden, unterstützt diesen Wunsch. Speziell bei den schnelleren Gangarten Trab und Galopp wird der Reiter allerdings oft unsanft durchgeschüttelt. Viele klammern sich deshalb mit Schenkeln und Zügeln an das Pferd an. Von einem harmonischen Miteinander kann so nicht mehr gesprochen werden. Der Reitunterricht soll den Menschen ja darin unterstützen, Harmonie mit dem Pferd erleben zu können. Harmonische Erfahrungen mit dem Pferd machen einfach glücklich!

> Reitunterricht soll Menschen unterstützen, Harmonie mit dem Pferd erleben zu können.

Jede Muskelverspannung auf dem Weg zur Verschmelzung ist ein Hindernis!

Tipp:

Achten Sie auf jede Verspannung und suchen Sie Wege, diese zu lösen. Jede Verspannung stellt eine Blockade dar, so dass eine geschmeidige Bewegungsanpassung nicht mehr möglich ist!

Auswirkung auf das Pferd

Ein geschmeidig sitzender Reiter ermöglicht die freie Bewegungsentfaltung des Pferdes. Er kann das Pferd unterstützen und behindert es
nicht. Geschmeidige Reiter führen zu geschmeidigen Pferden, ver-
spannte Reiter zu verspannten Pferden!

Ich will einen Freund! – Das Bedürfnis nach emotionaler Bindung

*Von allen Tieren ist das Pferd der beste Freund
des Indianers, denn ohne es könnte er keine weiten Reisen unternehmen. Das Pferd ist der wert-
vollste Besitz eines Indianers. Wenn ein Indianer
etwas Wichtiges vorhat, dann verspricht er seinem Pferd, es mit Erdfarben zu bemalen, wenn
es ihn unterstützt, so dass alle sehen können,
wie sein Pferd ihm geholfen hat.*
(Brave Buffalo, Medizinmann der Teton Sioux)

Der Wunsch nach Freundschaft mit dem Pferd
entspringt unserem grundsätzlichen Bedürfnis
nach emotionaler Bindung. Würde jemand dagegen Surfen zu seinem Topsport wählen, hat er
wohl eher keine Sehnsucht nach einer solchen
Bindung. Reiten ist eine Gemeinschaft mit einem
Mitgeschöpf. Das Pferd als Partner gemeinsamer Aktivitäten will auch
als Freund wahrgenommen werden.

Freundschaft

Moderner Reitunterricht gibt der Freundschaft zwischen Mensch
und Pferd Raum.

> In der Psychologie und Pädagogik spricht man von **„Inselerfah-
> rungen"**. Gemeint ist, dass Menschen in ihrem Lebensumfeld,
> das ja nicht immer frei von Sorgen und Lasten ist, Orte haben,
> an denen sie sich auftanken können, wo sie Trost und neuen Mut
> finden.

Solche Inseln sind für die Entwicklung sehr wichtig. Das können positive Erfahrungen mit Menschen sein, aber auch spezielle Plätze in der
Natur oder die Beziehung zu einem Pferd!

Ich habe in dem Zusammenhang einige Originalzitate gesammelt,
die Kursteilnehmerinnen im Zuge ihrer Reitausbildung gemacht haben.
Die Aufgabenstellung war, sich an bedeutsame Ereignisse mit Pferden

in der Kindheit zu erinnern. Allen Aussagen ist eines gemeinsam – das Pferd war ein Ort des Trostes. Es war Freund in schwierigen Zeiten.

- „Ich war oft allein, meine Eltern hatten viel zu tun. Dann bin ich in den Stall zu unserem Arbeitspferd, dann war wieder alles gut, obwohl ich nicht hineingehen hätte dürfen.“

- „Ich durfte 1 x die Woche reiten gehen, ich glaube, das hat mein Leben gerettet – die Pferde haben mich immer verstanden.“

- „Meine Eltern ließen sich scheiden, das war echt schlimm für mich, aber meinem Pferd konnte ich alles erzählen, der war für mich da.“

- „Der erste Traktor wurde angeschafft. Als mein Opa die Arbeitspferde verkaufte, brach eine Welt für mich zusammen. Ich konnte mich nicht mal mehr verabschieden und ‚Danke‘ sagen für das viele Zuhören!“

Ich küsse dich!
Ich liebe dich!

Alle Frauen hatten eine enge emotionale Bindung zum Wesen Pferd. Unter „Bindung“ wird immer ein Maximum an Vertrauen und Wohlgefühl verstanden, das üblicherweise zwischen Menschen entsteht. Ein Kleinkind, das Schmerzen hat, sucht Zuflucht bei seiner Mutter, die es tröstet. So fühlt es sich geborgen.

Waren die Beziehungsfunktionen, die die Pferde für die Frauen hatten, nicht sehr ähnlich? Etwas schmerzt – das Pferd bietet wortlosen Trost, ein Aufgehobensein, eine Zuflucht. Völliges Vertrauen und Wohlgefühl entstehen – das Kind fühlt sich im Kontakt zum Pferd geschützt.

Beispiel – Freund Pferd

Im folgenden Beispiel zeige ich, wie im alltäglichen Reitunterricht Raum für die Beziehung zum Pferd gegeben werden kann. Neben dem Erlernen reittechnischer Grundlagen kann einfühlsamer Reitunterricht auch die Chance, die eine positive Beziehung zum Pferd für Menschen beinhaltet, nützen.

Die Reitgruppe besteht aus vier Mädchen. Sie sind zwischen 10 und 15 Jahren alt. Die Gruppe kennt sich gut und allen Mädchen macht es Freude, sich im Unterricht anzustrengen. Das Stundenthema dieser Reiteinheit ist „Korrektes Reiten einer Großen Tour". Dieses Thema wurde eine Woche vorher schon vereinbart. Die Thematik wird während der ersten Aufwärmrunden kurz besprochen. Meine übliche Frage „Wie geht es euch heute?" wird von allen Kindern erwartungsgemäß mit „Super!" beantwortet. Ich bemerke, dass sich die Augen der fünfzehnjährigen Monika mit Tränen füllen. Sie ist ruhiger als sonst und nicht so recht bei der Sache.

Vom reittheoretischen zum menschenbezogenen Stundenziel

Ich entscheide mich, ein spezielles Angebot für Monika zu machen, und ändere das Stundenthema. Die überraschende Wende in der Unterrichtsgestaltung ist auch für die anderen Kinder interessant. Die Gruppe lässt sich gerne dazu motivieren, „mal, was ganz anderes zu machen"! Die folgende Übungssequenz ermöglicht eine besonders tiefe Selbstwahrnehmung und lässt die Beziehungsebene zwischen Mensch und Pferd besonders deutlich werden. Ich nenne das Spiel „Wie geht es dir heute?" Die Aufgabe dazu lautet, jenes Tempo im Schritt und Trab zu finden, das zur aktuellen Stimmung passt. Mit beiden Gangarten wird nun experimentiert. Ich lasse den Kindern etwa 10 Minuten Zeit, in denen jede Reiterin für sich reitet. Im Anschluss an die Übung gebe ich den Kindern die Möglichkeit, das Ergebnis der Gruppe zu zeigen. Die Kinder reiten nun einzeln. Die anderen warten auf der Mittellinie und schauen zu.

Das erste Mädchen trabt langsam und lässig an, sie schlenkert während des Trabes ihre Glieder. Ich rege sie an, ihre Empfindung in Worte zu fassen – „endlich mal schlapp und trotzdem bewegt", sagt sie.

Nun wollen zwei Mädchen gemeinsam auftreten. Sie reiten eine Runde im Schritt, stellen sich dann in die Mitte des Reitplatzes und beginnen zu tratschen. Beide Mädchen sind sich einig, dass es super ist, mal Zeit zum Plaudern zu haben. Am Pferd sitzend, ist das besonders fein für sie!

Nun ist Monika dran. Sie reitet mit ihrem Pferd in die Ecke, bleibt dort stehen und legt sich vorn über das Pferd. „Ehrlich, ich möchte mich heute nur verkriechen!", sagt sie.

Eine Haltparade in der Ecke als Ausdruck des „Sich-Verkriechen-Wollens"

Der nächste Impuls richtet sich an das Pferd. Gefällt meinem Pferd das gewählte Tempo oder möchte es etwas anderes?

Die Mädchen sind sicher, dass das gewählte Tempo auch für ihr Pferd passt. Auch Monika, die die ganze Stunde in ihrer Ecke geblieben war, ist überzeugt, dass ihr Pferd die Stunde, in der es rasten durfte, sehr genossen hat!

Kann eine Haltparade
den Liebeskummer einer
Schülerin mildern?
Letztendlich berichtet sie von ihrem Liebeskummer. Ihr erster Freund hatte sie wegen einer anderen verlassen. Sie reflektiert, dass das Pferd für sie da ist und andere Menschen sie gerne haben. Sie fühlt sich erleichtert. Sie konnte dem Pferd ihren ganzen Kummer überlassen.

Zusammenfassung der methodischen Schritte

- Wahrnehmen der aktuellen Tagesverfassung der Reitschülerinnen
- Wechsel des Stundenthemas hinsichtlich emotionaler Unterstützung für eine Reiterin
- Übung zur Selbstwahrnehmung und Selbstreflexion als erfahrungsorientierte Sequenz
- Möglichkeit, sich der Gruppe zu zeigen
- Verdeutlichen über die Sprache
- Einbeziehen des Partners Pferd
- Reflexion

Übung: Unterstützung für Koordination, Geschmeidigkeit, Unterstützung einer empathischen Beziehung zum Pferd	Vorherrschende Grundemotionen
Voraussetzungen: Fähigkeit zum Durcheinanderreiten und das Pferd im Schritt, Trab und Halten unabhängig vom Abteilungsreiten lenken können.	
Schritt und Trab Tempounterschiede ausprobieren – was ist mir angenehm? Was entspricht meiner heutigen Verfassung? Gefällt es meinem Pferd? Woran erkenne ich das? Das passende Tempo finden, sich zeigen und in Worte fassen.	**Interesse** am Schüler und seinen Problemen haben und sein Interesse wecken. Grundsätzlich **positive Erlebnisse** unterstützen. Das selbst gewählte Tempo unterstützt das Körperempfinden. Sich der Gruppe freiwillig zu zeigen, unterstützt das **Selbstbewusstsein.** In der Übereinstimmung von aktueller Tagesverfassung mit einem passenden Tempo und der entsprechenden Gangart kann der Reiter **Nähe** zu sich und dem Pferd empfinden.

Menschen haben ein inneres Bedürfnis nach emotionaler Bindung. Das Pferd kann Freund und Seelentröster sein. Es macht zweifelsohne

Sinn, individuelle und aktuelle Situationen in die Unterrichtsgestaltung mit einzubeziehen, auch wenn diese auf Kosten der Dogmen der Reitkunst gehen, denn in der geschilderten Stunde ging kein Pferd im Mittelschritt oder Arbeitstrab!

> **Tipp:**
>
> **Rituale, wie Begrüßung, Bedanken und Verabschiedung des Pferdes, geben Raum für eine positive Gestaltung der Beziehung zum Pferd. Menschen können sich in ihrer individuellen Art und Weise emotional auftanken. Viele legen sich auf die Pferde beim Verabschieden oder kuscheln sich an das Pferd beim Begrüßen.**

Ein gelassenes Pferd: Es trägt seinen Hals tief, dehnt sich vorwärts-abwärts und schnaubt ab.

Auswirkungen aufs Pferd

Je intensiver das Körperbewusstsein ist, je eindeutiger die Gefühle sind, umso kontrollierter kann auf das Pferd eingegangen werden. Übungen, die die Menschen darin unterstützen, führen zwar nicht zur Gymnastizierung des Pferdes in klassischer Sicht, fördern jedoch die wertschätzende Beziehung zum Partner Pferd. Die Kenntnis über den eigenen Körper und die persönliche Befindlichkeit bilden eine Grundlage für korrektes Reiten, Sie unterstützen die Empathie mit dem Mitgeschöpf Pferd, denn wer auf sich selbst achtet, pflegt auch einen sorgsameren Umgang mit anderen. Dann wird Reiten vielleicht weniger ergebnisorientiert, sondern eher zu einem Dialog zwischen zwei Partnern. Was vermag mein Pferd heute und generell zu leisten?

Woran erkenne ich, dass sich mein Pferd wohlfühlt?

- Es trägt den Hals lang und tief bzw. dehnt sich vorwärts-abwärts.
- Es schnaubt ab.
- Es legt die Ohren nicht an.
- Es geht gleichmäßig.
- Es pendelt mit dem Schweif.

Ich will stark sein! – Die Ausrichtung auf Mut und Selbstwert

Wer zu oft die Erfahrung macht,
dass das eigene Handeln weder gefragt
noch als nützlich oder wertvoll betrachtet wurde,
für den macht es keinen Sinn mehr sich anzustrengen.
(Rene Reichel)

Über ein Hindernis zu springen erfordert Mut.

Der Zusammenhang von seelischem Erleben und Ausdruck durch die Bewegung zeigt sich besonders gut am Beispiel von Mut. Kein Mensch will sich freiwillig schwach und ungenügend fühlen. Mutig zu sein, bedeutet auch, die Macht zur Veränderung zu haben.

Wie drückt sich „Mut" als Körperhaltung aus? Wie geht, steht oder schaut jemand, der sich vieles zutraut? Wie aber wirkt jemand, der das Gegenteil davon ist – zögerlich, ängstlich und unsicher? Der eine ist raumfüllend, erscheint groß, hat eine gute Muskelspannung und kann dem Blick des anderen standhalten. Der andere ist in sich zusammengefallen, wirkt klein, hat wenig Muskelspannung (außer in der aktuellen Angstphase!) und weicht möglicherweise dem Blick des anderen aus.

Wir leben in einer Welt der Mutigen. Alle müssen stark sein – schwach dagegen zu sein, ist schon fast eine Verletzung still vereinbarter Regeln der Allgemeinheit. Auch die Pferdewelt gehört den Mutigen! Da soll der Schüler den „inneren Scheinehund" überwinden und doch endlich über das Hindernis springen. Er darf kein „Hasenfuß" sein, ja mitunter soll die Spreu vom Weizen getrennt werden und durch entsprechend waghalsige Stundengestaltung wird überprüft, wer denn nun wirklich aus dem rechten Holz für die Reiterei geschnitzt sei. Die großen, mutigen Sieger werden beklatscht – die durchschnittlichen Reiter werden gnädig in der Reitstunde mitgeschleppt. Der Rest schaut neidvoll dem Star der Reitbahn zu.

Der Wunsch nach **Erfolgserlebnissen** und **Selbstbestätigung** steht oft in einem diametralen Widerspruch zum reiterlichen Vermögen. Wie können jene Reiter bei Laune gehalten werden, deren reiterliches Können weder einen Ausritt noch das Überwinden von Hindernissen gestattet?

Mir ist bewusst, dass ein langweiliger Longenunterricht, unzählige Sitzkorrekturen und ewiges Im-Kreis-Reiten in der Abteilung keinen Beitrag zum Gefühl des „Starkseins" leisten.

Wie muss der Unterricht gestaltet sein, dass er möglichst wenig auf Kosten der Pferde geht, dass die Vermittlung der reiterlichen Hilfen und Techniken sachrichtig ist und die Reitstunde für die Schüler trotzdem spannend ist? Ich kann ein Lied davon singen, wie gerade der Anfängerunterricht dazu verleitet, Schülern deftige Mittel zur Kommunikation mit dem Pferd zu empfehlen, und wie viel Geduld und Einfallsreichtum es braucht, Schüler entlang ihrer aktuellen Leistungsfähigkeit zum korrekten Reiten zu bringen. Es zahlt sich allemal aus!

Ich erlaube es niemandem, dem Pferd beispielsweise zum Angaloppieren die Gerte zu geben. Wenn der Sitz des Reiters noch nicht ausgereift genug ist, kann man einfach noch nicht frei galoppieren. Das bedeutet aber auch innerhalb einer Reitstunde, unzählige Male das Pferd wieder an die Longe zu nehmen und den Schülern die Möglichkeit zum Galopp zu geben. Aber eines Tages, das garantiere ich, wird die Mühe belohnt werden! Mit Leichtigkeit werden die Pferde von den Schülern angaloppiert. Dann kann auch eine Springgymnastik den Unterricht beleben oder mal ein Ausritt unternommen werden. Die Bewegungsanpassung und Hilfengebung ist somit erfolgreich geglückt.

… aber auf dem Pferd stehen zu wollen auch!

Beispiel – Mut entwickeln!

Es ist sicherlich nicht schwer, ein Stundenthema zu finden, das Mut erfordert und Menschen das Gefühl von Stärke gibt. Je erfahrener Reiter sind, umso leichter gelingt eine interessante Stundengestaltung.

Was mache ich aber mit Schülern, die noch wenig reiten können und sich dem Pferd leicht ausgeliefert fühlen? Wie gelingt es, unterschiedliche Charaktere im Unterricht zu erreichen, und wie erkenne ich diese Unterschiede?

Ich berichte jetzt von einer Reitgruppe mit sehr unterschiedlichen Kindern. Kinder, die gerne Herausforderungen haben, und welche, die eher vorsichtig sind. Ich werde im folgenden Beispiel zeigen, wie es möglich ist, beiden Gruppen innerhalb einer Stunde gerecht zu werden. Die einen fühlen sich ausreichend gefordert und die anderen nicht überfordert oder beschämt, weil sie selber noch nicht so viel können oder sich zutrauen. Ich versuche, alle Kinder in ihrem Bedürfnis nach Anerkennung und Selbstbestätigung anzusprechen.

In der Gruppe sind vier Kinder, zwei Buben und zwei Mädchen zwischen 10 und 12 Jahren. Woran erkenne ich die Kinder mit viel Selbstvertrauen? Zwei Kinder sitzen gestreckt und geschmeidig zu Pferd, während zwei Kinder in sich zusammengesunken auf dem Pferd sitzen, die Knie eher hochgezogen, den Blick auf den Boden gerichtet. Ihre Körperhaltung drückt wenig Selbstsicherheit aus.

Ich traue mich auf dem Pferd stehen! – Leicht gebeugte Knie und körpernahes Sichern sind wichtig für die notwendige Sicherheit!

Der erste Impuls der Reitstunde ist eine **Übung zur Rumpfaufrichtung**. Das Spiel heißt „Ich lasse mich hängen – ich richte mich auf!" Dabei erfahren die Kinder spielerisch verschiedene Qualitäten der Muskelspannung in Verbindung mit der Pferdebewegung.

Die Haltungen zu Pferd werden nicht bewertet. Es werden auch keine Anweisungen, wie etwa sich aufzurichten, gegeben. Die Übung bietet für die Kinder die Chance, die eigene Körperspannung zu regulieren. Ich fordere die Kinder auf nachzuspüren, welche Körperteile sie auf dem Weg von der einen Form zur anderen in Aktion setzen. Da sich auch Mut und Selbstwert in der Körperhaltung zeigen, biete ich so die Möglichkeit der Veränderung auf der Körperebene an, ohne das Thema direkt ansprechen zu müssen. Über diesen nonverbalen Weg eröffnen sich für alle Beteiligten individuelle Lernchancen.

Als weiterer Schritt sollen die Kinder für beide Körperhaltungen eine Bezeichnung aus dem Tierleben finden. Sie einigen sich schnell. Aufgerichtet-Sein entspricht einem Löwen, Zusammengesunken-Sein ist das Faultier.

„Löwen" und „Faultiere" verhelfen zu einem gestreckten Sitz.

Anschließend baue ich einen Parcours aus Hütchen, Stangen und Folien. Es sollen Aufgaben wie das Reiten von einem Slalom, das Übersteigen von den Stangen und das Überqueren der Folien erfüllt werden. Das Bewältigen der Aufgabe ist jedoch in eine spannende Geschichte eingebettet. Der Löwe und das Faultier haben unendlichen Durst und müssen in der Steppe manche Hindernisse überwinden, um zum Wasserloch zu gelangen. Ich fordere die Kinder auf, die Aufgaben zuerst einmal als „Faultier" und dann als „Löwe" auszuprobieren.

Wie lässt es sich leichter abwenden, wie tut sich das Pferd mit mir leichter? Wie trabt es sich als Löwe oder als Faultier? Jedes Kind bekommt mindestens einmal, namentlich genannt, meine Anerkennung über die Lösung der Aufgaben.

Immer wieder wollen die Kinder den Parcours auf unterschiedliche Weise bewältigen. Sie können herzlich darüber lachen, wenn dem Faultier so gar nichts gelingen mag, es im Trab stets in den Schritt fällt und auch das Pferd sehr zögerlich, wenn überhaupt, einen Huf auf die Plane setzt. Beim Wasserloch angekommen, wird zuletzt laut hörbar das Wasser geschlürft.

Das Pferd zeigt, wo es langgeht.

Bei allen Kindern hat sich die Körperspannung verändert. Im Spiel konnten sie sich entdecken und ausprobieren, so dass alle Kinder nun einen aufgerichteten Sitz haben. Der Blick ist stark und die Kinder signalisieren ihre Zuversicht und ihren Stolz auf die eigene Leistung.

In diesem Stundenaufbau gibt es keine Bewertung meinerseits. Es ist für mich nicht richtig, aufgerichtet zu sitzen, und nicht falsch, schlapp in sich zusammengekauert zu sein. Bewertungen erfolgen nur über das Pferd, weil manche Übung besser gelingt, wenn der Reiter einen korrekten reiterlichen Sitz einnimmt und entsprechende Entschlossenheit an den Tag legt.

Ich habe so neuerlich einen Weg aufgezeigt, wie sich der Sitz entwickeln kann. Nicht platte Anweisungen werden mehr schlecht als recht befolgt, sondern über unterschiedliche lustbetonte Bewegungserfahrungen kann sich der Sitz schrittweise entwickeln.

Zusammenfassung der methodischen Schritte

- Unterschiedliche Charaktere respektieren und wertschätzen
- Angebote entwickeln, die auf die Unterschiedlichkeit Rücksicht nehmen und allen gleichberechtigt die Möglichkeit zur Entwicklung geben
- Kindgerechte, spielorientierte Aufbereitung über eine spannende Geschichte
- Übungszentrierte Auseinandersetzung mit dem Pferd
- Bewusstmachen der Auswirkungen auf das Pferd
- Individuelle Umsetzung je nach Leistungsstand möglich
- Wertschätzende Rückmeldung für jeden einzelnen Reiter
- Erleben von Selbstwert und Mut

Übung: Rumpfaufrichtung, Bewältigung einzelner Aufgaben	Vorherrschende Grundemotionen
Voraussetzungen: selbständiges Lenken im Schritt, selbständiges Traben auf der ganzen Bahn, Bereitschaft zum Rollenspiel	
Sich hängenlassen – sich aufrichten Sich selber beobachten – was mache ich, wenn ich mich hängen lasse, was, wenn ich mich aufrichte? Haltungen Namen geben Verschiedene Aufgaben in eine spannende Geschichte betten und beide Haltungen ausprobieren	Wecken von **Interesse** **Freude** über spielerischen Zugang und geeignete Anforderungen **Stärkung des Selbstbewusstseins** über individuelle Lösungsmöglichkeiten **Nähe** zum Pferd über gemeinsames Bewältigen der Abenteuer

Lust statt Frust

Menschen haben das angeborene Bedürfnis, sich als stark und mutig wahrzunehmen. Gefühle von Unzulänglichkeit und Feigheit sind wenig förderlich und für jeden beschämend. Reitunterricht soll anregend und spannend sein, ohne die Schüler zu überfordern. In jeder Reitstunde möchten Reiter mit dem Gefühl, etwas gut gemacht zu haben, vom Pferd absteigen.

Tipp:

Die Körperhaltung verrät schon viel über den Menschen. Die grundsätzliche Bereitschaft, diesen Haltungen mehr Aufmerksamkeit zu schenken, ist schon der erste Schritt zum individuellen Unterricht!

Auswirkungen auf das Pferd

Unsichere, zögerliche oder gar ängstliche Reiter machen Pferde ihrerseits unsicher. Pferde sind auf Führung angewiesen. Überspielen Reiter ihre Ängste und überdecken diese mit groben Hilfen, ist das fürs Pferd erst recht verwirrend. Sie spüren nämlich die Angst hinter den Hilfen, so dass Pferde in solchen Situationen nicht selten zu ihren eigenen Führern werden.

Erlebt das Pferd häufig unklare Anweisungen, muss darauf geachtet werden, es auch immer wieder von einem guten Reiter zu korrigieren!

Ich will Spaß haben! – Der Wunsch nach Lust und Lebensfreude

Zum Verwechseln ähnlich mit Mut und Selbstwert ist der Wunsch nach Lust und Lebensfreude. Sich selbst zu beweisen und dabei Freude zu haben, sind trotzdem unterschiedliche Zugänge.

Der Ausritt in der freien Natur steht laut Studie des Bundesfachverbandes an oberster Stelle auf der Beliebtheitsskala. Reiter wollen Spaß und Naturerlebnisse haben. Der ersehnte Galopp durch den Wald oder über eine große Wiese ist für die meisten Reiter das Ziel ihrer Wünsche.

Steht aber hinter den Wünschen Spaß und Naturerlebnis letztlich nicht der Wunsch nach purer Lebensfreude? Das Pferd steht unter anderem symbolisch für das Lustprinzip, die Lebensenergie. Ein frei ga-

Grenzenlose Freiheit!

Lebensfreude pur beim phantasievollen Reiten!

loppierendes Pferd mit fliegender Mähne, eine Reiterin mit wehenden Haaren – das ist Lust!

Wie kann jedoch der Reitunterricht, bis das reiterliche Können einen Ausritt zulässt, gestaltet werden und trotzdem das Bedürfnis nach Lust und unbändiger Energie befriedigt werden, ohne Reiter über waghalsige Aktionen zu gefährden?

Kennzeichen von Lebensfreude sind

- Lachen
- Strahlende Augen
- Fröhlichkeit
- Beschwingte Bewegungen

Beispiel – Reitstunde „Weltraumabenteuer"

Im folgenden Beispiel habe ich eine Reitstunde gewählt, die Kinder in ihrem Bedürfnis nach Abenteuer abholt.

Die drei Mädchen, zwischen 10 und 12 Jahren alt, freuen sich auf eine gemeinsame Phantasiereise. Wir vereinbaren, dass es keine Aufgabenstellung geben darf, deren Bewältigung für ein Pferd unangenehm ist.

Wir einigen uns, dass das Abenteuer diesmal im Universum stattfinden soll. Die Kinder helfen vom Pferd aus mit bzw. geben Anweisungen, was sie für ihre Reise brauchen. Zuerst muss ich mit Stangen ein „Schlüsselloch" bauen. Das ist die „Spezialrakete", mit der sie mit den Pferden in das Weltall gelangen. Jedes Paar muss da hinein und mittels einer Vorhandwendung den Start vorbereiten. Alle Kinder machen das – nun geht's los! 10, 9, 8 …1, 0! Ein gemeinsamer Trab Ganze Bahn und Aus der Mitte kennzeichnen den Flug in das All.

Endlich im Weltall angekommen, werden sämtliche auf der Erde geltenden Gesetzmäßigkeiten außer Kraft gesetzt. Ich habe die Rolle des Butlers für die Crew übernommen und spiele eifrig mit. Die Kinder machen „schwebende" Bewegungen auf den Pferden. Immerhin sind sie im Weltall der Schwerelosigkeit ausgeliefert! Streng fordert die selbsternannte Chefin, die anderen mögen gefälligst alle Hufschlagfiguren korrekt ausführen. Unter Lachen gelingt es den Kindern überhaupt nicht, auf Kurs zu bleiben! Schade, so können wir nur am 2. Hufschlag reiten!

So entwickelt sich die abenteuerliche Reitstunde. Diverse Prüfungen müssen bestanden werden. Die Kinder, die Pferde und ich sind beschwingt und fröhlich! Mit Leichtigkeit werden in dieser Stunde reiterliche Lektionen nebenbei geübt und vertieft. Die Stunde neigt sich dem Ende zu. Ich mache aufmerksam, dass die Weltallcrew zu einem Ziel kommen soll. Ich muss Plastikplanen auflegen. Diese stellen den Mars dar. Jedes Pferd muss sich auf eine daraufstellen – das ist das ersehnte Ziel!

Die Kinder kuscheln sich auf ihre Pferde und bedanken sich für die geleistete Unterstützung bei ihnen. Ich frage, ob ihnen vielleicht aufgefallen ist, was sie in der Stunde reiterlich alles gemacht haben. Wir zählen auf. Den Kindern wird bewusst, dass sie im Spielen viel erarbeitet hatten. Ich sage, dass Lernen und Spielen kein Widerspruch sein muss.

Wir sind ein tolles Team!

Zusammenfassung der methodischen Schritte

- Die Kinder werden in ihrem Bedürfnis nach Erlebnissen und Abenteuer abgeholt.
- Vereinbarung von Regeln
- Raum für Kreativität. Anregungen der Kinder werden aufgenommen.
- Reitpädagogin macht selber mit.
- Die Geschichte wird nicht vorgegeben, sondern entwickelt sich aus Ideen der Kinder. Freies Assoziieren!
- Die erfahrungsorientierten Übungen geben die Möglichkeit, die individuellen Fähigkeiten zu berücksichtigen. Jedes Kind kann dadurch eine eigene Lösung zur Bewältigung der Aufgaben finden. Beweglichkeit und Koordination, jene sportmotorischen Fähigkeiten, die für das Erlernen der komplexen Reitbewegung notwendig sind, werden optimal unterstützt.

Impuls: Erlernen von unterschiedlichen Hufschlagfiguren, Lektionen, Wirkungsweise der Hilfen	Vorherrschende Grundemotionen
Voraussetzungen: Fähigkeit zum Reiten in der Bahn, zumindest Schritt und Trab	
Phantasiereisen unter Verwendung von Material entsprechend des jeweiligen Ausbildungstandes der Reiterinnen. Geschichte nicht vorgeben. Selber mitmachen.	Freude Neugierde Selbstbestätigung und Möglichkeit, Nähe und Geborgenheit zum Pferd zu erleben

Zusammenfassend möchte ich nochmals bewusst machen, dass Reiten lernen Lebensfreude vermitteln und Erlebnisse schaffen kann, die für die Persönlichkeit des Menschen bedeutsam sind.

Lachen ist erlaubt und erwünscht!

> **Tipp:**
>
> **Humorvolle Reitstunden, die Menschen zum Lachen bringen, sind unterhaltsam, fördern das Interesse und führen letztlich zu einem entspannten, freien Sitz!**
> **Lernen heißt, Fehler machen zu dürfen, daher unterstützt unterschiedliches Ausprobieren der Lektionen den Lernprozess!**

Auswirkungen auf das Pferd

Eine entspannte, freudige Grundstimmung während der Reitstunden erfrischt auch die Pferde. Bei aller Freude und Lust müssen trotzdem Rangordnungen der Pferde berücksichtigt und ein besonderes Augenmerk auf das Einhalten der Bahnregeln gelegt werden, um Unfälle zu vermeiden!

Ich will Anerkennung! – Die Suche nach der Selbstbestätigung

Sich selbst als mutig wahrzunehmen und Lebensfreude zu empfinden, sind wichtige Faktoren, die zu einem Vertrauen fördernden Umfeld gehören. Anerkennung zu bekommen, also eine Bestätigung von außen, gehört ebenfalls zu den Eckpfeilern emotional begründeter Bedürfnisse. Bestätigung von außen erfahren wir meistens über das Lob. Doch richtig zu loben, will gelernt sein!

Loben ja, aber richtig!

Lob will ein gezeigtes Verhalten verstärken und den Schüler dazu motivieren, das Verhalten zu wiederholen.

*Anerkennung zu bekommen und ans Pferd
weiterzugeben, fördert den Selbstwert.*

Lob bestätigt die erbrachte Leistung. Daher soll Lob auch immer in Zusammenhang mit der jeweiligen Leistung stehen. Dabei soll aber kein absoluter Maßstab gelten, sondern ein individueller. Werden individuelle Maßstäbe angelegt und beachtet, also jedes Kind für seine persönlichen guten Leistungen gelobt, kann die Bildung von Cliquen unter den Reitschülern deutlich vermieden werden. Die Kinder fühlen sich gerechter behandelt und brauchen sich nicht in Communities gegen andere zusammenschließen. Die Fähigkeit, den persönlichen Erfolg bei einer Sache zu erkennen, wird dadurch gefördert.

Beispiel – Sachbezogenes Lob

Evi und Markus reiten gemeinsam in einer Reitstunde.

Evi vergisst jede Reitstunde, dass wir uns bemühen, das Pferd, ohne am Zügel zu ziehen, vom Trab in den Schritt durchzuparieren. Markus hingegen beherrscht diese Hilfengebung perfekt.

Es gelingt Evi einmal, etwas weniger zu ziehen, das heißt, sie stoppt den Impuls ab, gibt, statt zu ziehen, sofort mit den Händen nach und atmet aus. Das Pferd fällt in den Schritt. Ich verstärke ihr Verhalten, indem ich sage: „Jetzt hast du dich aber wirklich bemüht, ohne am Zügel zu ziehen, dein Pferd in den Schritt zu bekommen! Das ist dir gut gelungen! Bravo!"

Sie versucht es nochmals und es gelingt ihr, den Impuls zu ziehen gänzlich zu unterdrücken. Wieder wird die Leistung beachtet.

Markus hingegen erfährt für das korrekte Ausreiten der Ecken und für seine Bereitschaft, sich zu konzentrieren, meine positive Rückmeldung.

Zusammenfassung der methodischen Schritte

- Aufmerksames Beobachten der Reitschüler
- Verstärken erwünschter Verhaltensweisen über sachbezogenes Lob
- Beachten individueller Fähigkeiten
- Positive Rückmeldung für alle Reiter einer Reiteinheit

Impuls: sachbezogenes Lob	Vorherrschende Grundemotion
Das Lob immer im Zusammenhang mit der jeweiligen Leistung bringen. Schüler wissen dann, warum sie gelobt werden und wofür!	Lob ist ein positiver Verstärker. Es macht Freude, gelobt zu werden. Schüler erfahren dadurch Selbstbestätigung und werden in ihrem Selbstwert gestärkt.

Achtung!

Lob kann Konkurrenzdenken zwischen den Reitern fördern. Die Bildung von Cliquen ist die Folge. Cliquen können das Klima eines Reitstalles regelrecht vergiften! Daher – loben ja, aber gewusst wie! Kein Pauschallob für jeden, sondern sachbezogen und individuell loben!

Auswirkung aufs Pferd

Herrscht in einem Reitstall ein freundliches Klima, in dem die persönlichen Leistungen vor genormten Maßstäben gelten, werden Pferde in der Regel fair und wertschätzend behandelt. Gefühle wie Wut, Beschämung und Enttäuschung treten so viel seltener auf.

Eine zusätzliche Möglichkeit, Anerkennung zu bekommen, ist, an einem Turnier oder Reiterspiel teilzunehmen.

Es ist eine wichtige Herausforderung, sich mit anderen zu messen und die eigene Leistung bewerten zu lassen. Turniere und Reiterspiele stellen daher einen wesentlichen Beitrag innerhalb des Jahresablaufes eines Stalles dar. Sie beleben den täglichen Betrieb und schaffen ein Gemeinschaftsgefühl!

Turniere und Reiterspiele stärken das Gemeinschaftsgefühl.

Bedenklich werden für mich solche Veranstaltungen nur dann, wenn die Bedürfnisse des Pferdes dabei nicht mehr beachtet werden, wenn die Lust zu siegen über allem anderen steht, die Pferde und Ponys, um nur möglichst schnell genug zu sein, im Maul herumgerissen werden und Peitschen auf ihren Po geklatscht werden. Unschön ist es, wenn, um die Anforderungen für das spätere Turnier zu erfüllen, Pferde während des Trainings mit dem Zügel geriegelt und ständig sporniert werden. Selbst erlebt habe ich bei einem Besuch eines Turnierstalls folgende Begebenheit: Ein Mädchen trainiert verbittert mit ihrem Pferd, versucht verzweifelt das Pony an den Zügel zu bekommen, traktiert es mit Gerte und Sporen, riegelt im Pferdmaul, nur um letzlich enttäuscht und wutentbrannt ihr verschwitztes Pony dem wartenden Papa in die Hand zu drücken mit dem trotzigen Auftrag, ein neues zu kaufen!

Anerkennung für eine sportliche Leistung

Der Grundstein zur fairen Beziehung zum Pferd wird schon in der ersten Reitstunde gelegt. Es liegt allerdings auch in der Verantwortung des Reitlehrers, wie solche Wettkämpfe letztlich ablaufen. Welches Vorbild wird gegeben und welche Werte werden in den Reitstunden vermittelt?

Mir war es wichtig, in diesem Kapitel zu zeigen, dass es modern ist, sich mit den **inneren Beweggründen von Menschen** auch im Kontext des Reitenlernens auseinanderzusetzen, dass es nicht „verweichlicht" ist oder gar „echtes", sprich sportliches, Reiten verhindert, wenn ein spielerischer Ansatz im Reitunterricht einfließt und die **Gefühle der Reiter** Bestandteil pädagogischer Entscheidungen sind.

Das Spielen im Reitunterricht soll nicht nur zwischendurch zur Auflockerung angeboten werden, sondern einen wesentlichen Teil der Unterrichtsgestaltung ausmachen. Die erfahrungsorientierten Übungen begünstigen das Lernen wesentlich und können in abgewandelter Form ebenso den Unterricht von Erwachsenen beleben!

Abenteuer Reitunterricht

Im vorigen Kapitel ging es um emotionale Bedürfnisse des Menschen im Kontakt mit Pferden. In diesem Kapitel beleuchte ich entwicklungspsychologische Besonderheiten unterschiedlicher Altersgruppen mit dem Ziel, ein vertieftes Verständnis für Reiter unterschiedlichen Alters zu erlangen.

Besonderes Augenmerk lege ich in diesem Kapitel auch auf Probleme, die gerade im Kontakt mit Pferden immer wieder auftreten. Speziell jene Probleme, wo das Pferd nicht tut, was man von ihm möchte. Wie gehe ich als Reiter bzw. als Lehrer damit um? Es werden Möglichkeiten aufgezeigt, wie Reitpädagogen jene Krisen als Entwicklungsimpulse für ihre Schüler nützen können. Oft sind es nicht bearbeitete Konflikte, die Menschen dazu veranlassen, mit dem Reiten wieder aufzuhören, und plötzlich macht der Besuch des Reitstalles keine Freude mehr. Gehen Reitlehrer auf auftretende Schwierigkeiten jedoch ein, können diese einerseits als Entwicklungsimpuls für das Kind (oder Erwachsenen) genützt werden, andererseits wird auch die Begeisterung des Kindes gesichert, weiterhin dem Reitsport treu zu bleiben! Der Hintergrund der Krisen ist oft sehr ähnlich. Die Bearbeitung erfolgt jedoch passend zum jeweiligen Alter.

Wenn schon Kleinkinder aufs Pferd wollen! – Reit- und Pferdeerfahrungen für 3- bis 6-Jährige

Die Volksschule des Reitens – kindgerechter Reitunterricht für 6- bis 10-Jährige

Nahe am Wasser gebaut – die Pubertät und ihre Krisen

Schon ein bisserl steif, Frau Doktor? – Reiten im Erwachsenenalter

Fast das Paradies – talentierte Reitschüler

Wenn schon Kleinkinder aufs Pferd wollen! – Reit- und Pferdeerfahrungen für 3- bis 6-Jährige

Niemals sollte man irgendein Spiel, das Kinder sich ausgedacht haben, verachten oder belachen, sondern ihnen immer vollen Ernst entgegenbringen. Bedenke doch, sie sind Erfinder! Sie bekunden sich in ihren Spielen als freie, denkende Geister.
(Heinrich Lhotzky)

Haben noch vor 15 Jahren vornehmlich ältere Kinder Reitställe aufgesucht, kann man seit geraumer Zeit beobachten, dass Kinder, die reiten wollen, stets jünger werden. Das ist für andere Länder keine Besonderheit, wenn man die Popularität des Ponysports beispielweise in England anschaut. Für ein Land wie Österreich oder Deutschland, in dem jedoch Fußball und Skifahren zum Volkssport zählen, ist das aber durchaus eine bemerkenswerte Entwicklung! Diese Beobachtung deckt sich mit aktuellen Untersuchungen.

Der traditionelle Reitsport hat jedoch kein adäquates Angebot für sehr kleine Kinder, so dass viele Reitställe Kinder erst ab einem Alter von 8 Jahren in den Reitunterricht aufnehmen. Nimmt ein Reitbetrieb dennoch Kinder ab etwa 5 Jahren auf, ist das Angebot zwar oft nett gemeint, aber trotzdem mangels fachspezifischen Wissens im Umgang mit jüngeren Kindern unprofessionell und mitunter kontraproduktiv für eine geglückte Beziehung zum Pferd.

„Wo bleibt das Pony?" fragen die 3- bis 5-jährigen Kinder.

Entwicklungspsychologische Besonderheiten im Kindergartenalter im Überblick

Motorische Entwicklung

Die vom Zentralnervensystem gesteuerte Reaktionsfähigkeit und Koordinationsfähigkeit, die zum Ausüben komplexer Reitbewegungen notwendig sind, ist noch nicht ausreichend entwickelt. Speziell die Steuerung der Arme und Beine ist noch nicht ausgereift. Ein frühes gezieltes Üben dieser Fähigkeiten hat genauso wenig Sinn, wie einem drei Monate alten Baby täglich sein Spiegelbild zu zeigen mit dem

Wunsch, es möge sich doch bald darin erkennen!

Kinder sollten in diesem Alter vielfältige Bewegungsformen kennen lernen, aber das Üben spezieller Fertigkeiten ist laut innerem Entwicklungsplan noch nicht vorgesehen. Aus diesem Grund stellt das Reiten mit Sattel und Steigbügeln sowie das Lenken mit Zügeln für das junge Kind keine geeignete Methode dar! Es ist aus entwicklungspsychologischer Sicht eine Überforderung.

Das Reiten mit einem Reitgurt und einer Reitdecke kommt Kindern in diesem Alter eher entgegen. Es hat auf der Decke genügend Bewegungsfreiheit und die Möglichkeit vielfältige Bewegungen auszuführen. Die großen Griffe des Gurtes ermöglichen ein gutes Festhalten, was dem notwendigen Sicherheitsbedürfnis entgegenkommt.

Der Reitgurt ermöglicht viele Bewegungsexperimente.

Entwicklung der Sinne

Das Kleinkind orientiert sich vornehmlich über das Auge. Es kann Gehörtes noch schlecht in Handlung umsetzen und braucht zusätzlich zur sprachlichen Information visuelle Unterstützung. Traditioneller Reitunterricht an der Longe, der vornehmlich Handlungsanweisungen gibt, ist denkbar ungeeignet.

Aber auch das Voltigieren geht an den besonderen Bedürfnissen jüngerer Kinder vorbei. Der Voltigierlehrer ist meist zu weit weg und die sprachliche Information kann noch nicht verarbeitet werden.

Selbst das Vorzeigen einer Übung am Tonnenpferd (visuelle Hilfestellung) reicht in dem Alter selten aus.

Entwicklungsbedingungen unter dem Aspekt der Sicherheit

Kleinkinder sind vornehmlich triebgesteuert, ihre Ausdauer ist begrenzt und willkürlich, die Konzentrationsspannen noch kurz. Das Regelverständnis ist wenig ausgeprägt und die eigene Handlungskonsequenz kann noch nicht erkannt und verstanden werden.

Diese Eigenschaften zeigen sich darin, dass sehr kleine Kinder sehr schnell abgelenkt werden können. Zuerst wollen sie nichts lieber als auf das Pony rauf, kurze Zeit später ist etwas anderes interessanter und sie wollen wieder absteigen. Regeln können zwar vereinbart werden, man darf jedoch nicht davon ausgehen, dass Kinder in dem Alter schon in der Lage sind, diese einzuhalten.

Deutlich sichtbare Stangen grenzen den Spiel- vom Reitbereich ab.

Das Kind betrachtet die Welt aus einer egozentrischen Position heraus. Es sieht sich selbst als **das Zentrum der Welt**. Es ist daher nicht in der Lage, Verantwortung für sich zu übernehmen.

In diesem Alter nimmt es an, das Pony würde Rücksicht auf das Kind nehmen, was natürlich, wenn überhaupt, nur ab und zu zutrifft. Es hat noch keine Einsicht in seine Handlungen und eventuelle Folgen.

Die Summe dieser Eigenheiten macht einen regulären Reitunterricht unmöglich. Da das Verhalten des Kindes aus geschilderten Gründen „unberechenbar" ist, wäre ein Pferde-Kind-Kontakt unter üblichen Bedingungen sehr riskant!

So, wie es die Bildungsinstitution des Kindergartens gibt, die auf die speziellen Bedürfnisse von Kindern dieses Alters eingeht, muss der Reitunterricht als frühkindliche Bildungsmöglichkeit spezielle Methoden und pädagogische Konzepte beinhalten.

Ich habe 1999 für Kinder im Kindergartenalter eine reitpädagogische Lehrmethode entwickelt. Diese unter dem Namen „Reitpädagogische Betreuung – FEBS" bekannte Methode wird als anerkannte Ausbildung von den ländlichen Fortbildungsinstituten (LFI) der Bundesländer angeboten.

Der Name **FEBS** steht für **F**antasie, **E**rlebnis, **B**ewegung und **S**piel. Die Angebote rund ums Pony regen die kindliche Fantasie an und wollen Kindern ein nachhaltiges Erlebnis mit Pferden bieten. Dabei werden unterschiedliche Bewegungserfahrungen ermöglicht. Beispielsweise regen Laufen, Hüpfen, Rückwärtsgehen, aber auch verschiedene Übungen auf dem Pony elementare Grundfertigkeiten, wie Rhythmus und Gleichgewicht, an. Die Kinder erfahren das Pferd als Partner, lernen artgerechte Bedürfnisse des Pferdes kennen und erleben wertschätzenden Umgang mit ihm. Die Basis für einen späteren, aufbauenden Reitunterricht wird bei dieser Unterrichtsmethode gelegt. Darüber hinaus wird dem Mehrwert des Pferdeerlebens Rechnung getragen. Kinder lernen fürs Leben und bekommen dadurch weitgefächerte Entwicklungschancen.

In vielen Lernsituationen gibt es aber auch in diesem Alter durchaus Konflikte.

Im folgenden Beispiel beschreibe ich eine für dieses Alter typische Verhaltensweise und zeige einen einfühlsamen Weg, wie kindgerecht darauf eingegangen werden kann.

*„Nur die Ruhe –
bin zwar erst zwei Jahre
alt, aber Reiten ist toll!"*

Ich will die Erste sein!

Im Reitkindergarten FEBS wird mit einem Pferd und in der Regel mit vier Kindern gearbeitet. Eine klassische Problemstellung in der Arbeit mit Kindergartenkindern ist die Frage, wer als erstes aufs Pferd darf. Aus ihrem egozentrischen Weltbild heraus nimmt jedes Kind an, dass es das selber sein wird. Selten haben Kinder in diesem Alter jene soziale Reife entwickelt, die für das Zurücknehmen persönlicher Wünsche notwendig ist. Der Wunsch nach sofortiger Befriedigung aktueller Bedürfnisse ist ebenso ein Kennzeichen dieses Alters.

Alle Kinder meiner Reitgruppe wissen, dass die Spiele am Boden lustig sind, sie wissen, dass nicht alle gleichzeitig am Pony reiten können und trotzdem sind alle in freudiger Erwartung, aufs Pferd aufsteigen zu dürfen. Wer wird der Erste sein? Florian und Michael melden gleichzeitig: „Heute bin ich der Erste!" Larissa verkündet: „Nein, ich bin dran!", und für Maria ist ohnehin klar, dass sie als Erste auf das Pony darf!

Da ist guter Rat teuer! Wenn ich ein Kind bestimme, sind alle anderen gekränkt. Ein Auszählreim oder andere Methoden dauern wieder zu lange und das geplante Spiel würde sich innerhalb der Einheit nicht ausgehen. Also was tun?

Ich hole mir die **Unterstützung vom Pony**. Das Pony soll sich das erste Kind aussuchen.

„Jetzt bist du dran!",
scheint das Pony zu sagen.

Ich lasse die Kinder in einer Reihe aufstellen und das Pferdchen beschnuppert alle Kinder. Zu Michael schaut es ein zweites Mal hin. Die Kinder können diese Entscheidung des Ponys akzeptieren, ohne sich zu kränken. Über das Personifizieren des Pferdes erreiche ich die Kinder besonders gut. Es entspricht exakt ihrem Entwicklungsstand, zumal sie in diesem Alter im magischen Weltbild verhaftet sind. Die Welt der Dinge und Tiere ist für sie beseelt. Da ist es auch gut möglich, dass das Pferd jemanden tatsächlich aussucht.

Aus Sicht eines Erwachsenen erscheint dieses Problem der Kinder lächerlich. Für Kinder kann sich daraus aber ein handfestes Problem entwickeln. Konkurrenzdenken kann die Stimmung einer Gruppe derart trüben, dass vernünftiges Arbeiten nicht mehr möglich ist. Speziell jüngere Kinder tragen ihre Konflikte sehr offen aus, so dass in den Einheiten sogar geschubst und gedrängelt wird, wenn Konflikte entstanden sind.

Zusammenfassung der methodischen Schritte

- Die Kinder mit ihrem Anliegen ernst nehmen.
- Das Pony personifizieren und als Mittler einschalten.
- Das magische Weltbild in den Kindern ansprechen.

Lernchancen für das Kind

- Ich werde mit meinen Anliegen ernst genommen.
- Das Pony ist mein Freund.
- Ich kann es aushalten, nicht gewählt worden zu sein.
- Ich kann warten.

Blickpunkt Pferd

In der reitpädagogischen Betreuung wird das Pony bewusst personifiziert. Menschliche Gefühle werden ihm zugeschrieben. So spielt es gerne mit oder freut sich beispielsweise über Geschenke der Kinder. Das entspricht dem Entwicklungsstand der Kinder und unterstützt ihre mitfühlende Haltung dem Pony gegenüber.

Die Volksschule des Reitens – kindgerechter Reitunterricht für 6- bis 10-Jährige

Kinder im Volksschulalter haben sich weitgehend aus den frühkindlichen Entwicklungsstufen verabschiedet. Sie können sich bereits länger konzentrieren und einem sachorientierten Unterricht folgen.

Sie können Regeln verstehen und grundsätzlich besser einhalten, weshalb sie einen Zusammenhang zwischen Pferdverhalten und Regel zur Sicherheit herstellen können.

Es ist ihnen bewusst, dass jede Handlung entsprechende Folgen nach sich zieht. Daher kann man ihnen als Lehrer im Umgang mit dem Pferd schon gewisse Aufgaben anvertrauen und von einer gewissen Verlässlichkeit ausgehen.

Das kann ich schon alleine!

Entwicklung der Sinne

Volksschulkinder können einem sachbezogenen Unterricht folgen. Die Entwicklung des Gehörs ist differenzierter geworden und die Kinder können Abfolgen von Sätzen leichter verstehen. Das heißt in unserem Fall, dass der Longenunterricht keine Überforderung mehr darstellt, da sie weniger Unterstützung durch optische Hilfsmittel brauchen.

Dennoch ist ein erfahrungsorientierter Unterricht der reinen Sprachanweisung vorzuziehen! Auch Kinder dieses Alters lassen sich sehr gerne auf Spielangebote in den Reiteinheiten ein.

Motorische Entwicklung

Etwa ab dem 10. Lebensjahr, also gegen Ende der Volksschulzeit, wurde früher vom „Lernen auf Anhieb" gesprochen. Man meinte damit jene Zeitspanne, in der Bewegungsanforderungen oder neue Bewegungsmuster mit Leichtigkeit „sofort" erlernt werden konnten. Diese Zeit entsprach in jeder Sportart quasi dem Paradies für Sportlehrer und Lehrwarte. Kinder hatten in diesem Alter ihren motorischen Höhepunkt – einerseits hatten sie bereits genügend Bewegungserfahrungen, um darauf aufbauen zu können, andererseits hatte die Pubertät mit ihren großen Irritationen noch nicht begonnen. Diese auch als Latenzzeit bekannte

Phase stellte für alle Sportlehrer ideale Bedingungen für das Vermitteln von sportlichen Kompetenzen dar.

Ich schreibe über diesen Lebensabschnitt absichtlich in der Vergangenheit, weil sich die Bedingungen geändert haben! Geänderte Lebensbedingungen haben eine Veränderung der motorischen Entwicklung der Kinder mit sich gebracht. Konnten vergleichsweise vor 15 Jahren in einer Volksschulklasse ¾ der Kinder die Rolle rückwärts und ¼ nicht, so hat sich das bis zum heutigen Tag umgekehrt. Da muss man froh sein, wenn ¼ der Kinder die Rolle rückwärts kann! Das Erlernen der Rolle rückwärts ist bereits aus dem Lehrplan genommen worden!

Viele Kinder „spüren" sich nicht mehr.

Fehlende motorische Erfahrungen in der frühen Kindheit führen zu veränderten Anpassungsfähigkeiten an Bewegungsanforderungen im späteren Alter. Auch im Zusammenhang mit dem Reiten kann von einer eingeschränkten Bewegungskompetenz der Kinder gesprochen werden. Dass „Kinder sich nicht mehr spüren", kann von Lehrern an Schulen und ebenso von Reitlehrern bestätigt werden. Was sich in Schulen außerhalb des Turnunterrichtes oft als Aggression und Konzentrationsschwäche zeigt, tritt beim Reiten als Unsportlichkeit, gepaart mit einer hochgradigen Verletzungsanfälligkeit, zutage.

Selbstverständlich gibt es das Phänomen des „Lernens auf Anhieb" immer noch! Aber es kann nicht mehr generell angenommen werden. In dem Maße, wie grobmotorische Fähigkeiten nachlassen, wachsen daher die feinmotorischen! Die Geschwindigkeit, mit der bereits viele Kleinkinder zum Beispiel die Spielkonsolen betätigen, lässt mich vor Neid erblassen!

Lust auf neue Herausforderungen

Ich nehme diese Veränderungen zur Kenntnis. Nicht Resignation ist angebracht, sondern die Lust, neue Herausforderungen anzunehmen! Kinder brauchen Bewegungsangebote und Erfahrungsräume, wo sie ausprobieren dürfen. Wenn die Eigenmotivation dazu fehlt, brauchen Kinder Orte, wo die Auseinandersetzung mit Bewegung ermöglicht wird. Ich sehe darin eine gesellschaftspolitisch notwendige Maßnahme, da ich im Kürzen von Turnunterrichtsstunden nicht das richtige Signal erkenne!

> Es ist eine Tatsache, dass es heutzutage mehr unsportliche Kinder gibt als noch vor 15 Jahren. Die Unterrichtsbedingungen haben sich verändert. Das **Erwerben unterschiedlicher Fertigkeiten** beim Reiten gestaltet sich heute mühsamer und langsamer.

Ungeschickte Kinder haben leider auch verlernt, richtig zu fallen. Unter Umständen ist auch der gesamte Bewegungsapparat nicht mehr so stabil, die Haltemuskulatur schwach und die Knochendichte verringert. Sportlehrer berichten, dass aufgrund des Bewegungsmangels und der fehlenden Bewegungserfahrungen vieler Kinder Unfälle zunehmen und ihre Folgen gravierender sind als früher.

Ich bin davon überzeugt, dass jeder Sportunterricht auf die veränderten Bedingungen eingehen muss. Wir können heute nicht mehr so unterrichten, wie noch vor 10 Jahren! Auf die veränderten Bedingungen muss Rücksicht genommen werden. Gerade im Reitsport ist es unglaublich wichtig, ein gutes Körpergefühl zu haben. Konnte früher dieses Körpergefühl vorausgesetzt werden und der Reitunterricht im üblichen Stil starten, so muss moderner Reitunterricht erst die Grundlage dafür schaffen. Moderne Konzepte müssen Angebote gestalten, die ein gut entwickeltes Körpergefühl fördern.

Moderne Konzepte müssen aber ebenso danach trachten, dass Reitschüler möglichst nicht vom Pferd fallen, weil der Grat zwischen Risiko und Sicherheit dünner geworden ist. Es ist auf keinen Fall anzuraten, Schüler so zu fordern, dass sie kraftlos vom Pferd fallen!

Im folgenden Beispiel beschreibe ich eine typische Konfliktsituation, die gerade in diesem Alter gerne auftritt. Kinder beginnen sich mit anderen zu messen.

Ich werde zeigen, wie aus solchen Krisen neue Möglichkeiten für Kinder entstehen können. Auch für Kinder dieses Alters ist das FEBSen ein geeigneter Start fürs Reiten lernen. Bei meinem Beispiel handelt es sich jedoch um Kinder, die bereits zum freien Reiten gewechselt sind.

Sinnvolle und sinnliche Spiele im Wald – das Pony wartet sicher verwahrt auf seinem Platz!

Beispiel – Ich bin besser als du!

Nicht immer muss die Krise aus dem direkten Kontakt mit dem Pferd kommen. Oft gibt es auch Differenzen zwischen den Kindern selbst. Es ist nicht immer einfach, zwischenmenschliche Schwierigkeiten zu bemerken, da die Kinder niemanden verpetzen und auch nicht über ihr Problem sprechen wollen.

Die Gruppe übt das Angaloppieren in der Ecke. Jedes Kind kommt einzeln dran, doch trotz Unterstützung gelingt es der 10-jährigen Marina nach mehrmaligen Versuchen an diesem Tag nicht. Ich mache ihr den Vorschlag, an der Longe zu galoppieren. Uschi macht zwar eine scherzhafte, aber dennoch abfällige Bemerkung. Sie meint, dass sie eben die bessere Reiterin ist. Daraufhin beschimpft Marina Uschi. Sie beginnen über die unterschiedliche Qualität der Pferde zu diskutieren. Es ist richtig, dass Uschis Pferd schon beim Gedanken an Galopp anspringt, während Marinas Pferd eine klare und kräftigere Hilfengebung braucht. Marina möchte nicht an die Longe. Die Atmosphäre ist getrübt.

Als Reitlehrer klare Stellung beziehen!

Ich mache deutlich, dass ich es **nicht** wünsche, wenn wir andere **auslachen und beschimpfen**.

Ich rege deshalb zu folgenden Impulsen an. Jede soll eine Übung aussuchen und reiten, die sie in jedem Fall kann, mag sie auch noch so leicht sein, und dann vorzeigen. Jede der Mädchen soll nun eine Übung auswählen, die eine persönliche Herausforderung darstellt, aber die realistische Chance auf positive Durchführung hat, und sie den anderen zeigen.

Ich rege anschließend eine gemeinsame Reflexion an – was haben ich und mein Pferd gut gemacht? Was hat meine Reitkollegin aus meiner Sicht gut gemacht?

Die ursprüngliche Stundenplanung wird zugunsten des aktuellen Konfliktes abgeändert.

Flexibilität ist angesagt!

Zusammenfassung der methodischen Schritte

- Eine klare Stellungnahme wird als Vorbild anerkannt.
- Schaffen von positiver Erfahrung über einfachste Aufgabenstellung.
- Über das Vorreiten wird deutlich, dass es Unterschiede gibt.
- Die zusätzliche Anforderung ermöglicht eine realistische Selbsteinschätzung.
- Über das Ansprechen des Positiven der eigenen und der fremden Leistung, werden individuelle Leistungen anerkannt.

Tipp:

Wenn in einer Reitstunde eine Übung nach dreimaligem Versuch nicht gelingt, ist es notwendig, die Leistungsanforderung herunterzuschrauben.

Nahe am Wasser gebaut – die Pubertät und ihre Krisen

In keinem Lebensalter sind Kinder in ihrer Entwicklung unterschiedlicher als in der Pubertät. Es gibt Kinder, die, ihrem Alter entsprechend, noch kindlich wirken. Aber es gibt auch 11-Jährige, die schon ausschauen wie Frauen bzw. junge Männer, und man würde sie ohne Bedenken auf 14 oder 15 Jahre schätzen.

Dieses als **Akzeleration** bezeichnete Phänomen kann natürlich auch für die Ausübung von Sportarten nicht ohne Folgen bleiben. Akzelerierte Jugendliche wachsen sehr schnell in die Höhe und die Geschlechtsreife tritt früh ein. Ihre Körpergröße steht jedoch in keinem Verhältnis zu ihrer Muskelkraft und ihrer seelischen Reife. Leicht werden akzelerierte Jugendliche überfordert, weil ihnen einfach mehr zugetraut wird, als sie zu leisten imstande sind!

So kann es zu kritischen Situationen kommen. Man will ja eigentlich kein Kind mehr sein, sondern schon als erwachsen gelten. Überforderungen werden daher selten ausgesprochen, sondern unter dem Anspruch, erwachsen sein zu wollen, ausgehalten. Das führt zu körperlichen Überforderungen ebenso wie zu gefühlsmäßigen Überlastungen.

Aus dem Gleichgewicht geraten!

Körperliche Überforderung

Ich habe die Beobachtung gemacht, dass speziell Jugendliche in der Pubertät Sportarten beenden, die sie Jahre vorher mit Begeisterung betrieben haben. Ich vermute, dass aufgrund sportmotorischer Fehlbelastungen vermehrt Frustrationen auftreten. Das schnelle, aber im Verhältnis dazu ungleichmäßige Wachstum hat Auswirkungen auf die Ausübung sportlicher Aktivitäten. Hat vor dem Eintritt der Pubertät die eine oder andere Übung gut geklappt, sieht sich der Jugendliche nun einem ständig neu auftretenden Misserfolg gegenüber.

Kraft, Ausdauer, Beweglichkeit, Koordination und **Schnelligkeit** zählen zu den sportmotorischen Fähigkeiten. Ein Missverhältnis dieser Fähigkeiten wirkt sich oft fatal aus.

Der Muskelquerschnitt, der letztlich die Kraft bestimmt, wächst nicht gleich schnell wie die Größe des Körpers, so dass die Jugendlichen hoch aufgeschossen, aber schlaksig dünn sind. Plötzlich fehlt die Kraft und Koordination, um bestimmte Übungen auszuführen!

Was beim Reiten zusätzlich als Schwierigkeit auftritt, ist die veränderte Wirkung der Hilfen auf das Pferd. Da sich der Schwerpunkt durch

Kraft und Körpergröße passen oft nicht mehr zusammen.

*Mein Pferd und ich –
heute soll mich nur ja
keiner anreden! Gesichts-
ausdruck und Körper-
haltung verraten
den Wunsch nach
Abgeschlossenheit.*

das Größenwachstum verlagert hat, müssen Hilfen im Verhältnis zueinander neu gelernt werden. Leicht kann man nachvollziehen, dass es
weit schwieriger ist, einen langen Oberkörper auf dem Pferd auszubalancieren als einen kurzen. Alleine der Einsatz der Hüfte gestaltet
sich anders und muss neu gelernt werden, wenn der Jugendliche plötzlich größer geworden ist. Wie kann man nun sein Kreuz ans Pferd bringen?

Auch für die Trainer ist es mitunter unverständlich, wenn manche
Übung, die grundsätzlich beherrscht wurde, nicht mehr klappt. Akzelerierte Jungendliche mit Strenge und Druck zu Höchstleistungen bringen zu wollen, ist sinnlos. Die Lektionen werden dadurch nicht besser.
Entsteht Leistungsdruck, kommt es vielfach zu Fehlbelastungen, die
letztlich sogar gesundheitsschädliche Folgen im Erwachsenenalter
haben können!

Reiten muss zu dieser Zeit „neu" gelernt werden, Muskelkraft gezielt aufgebaut und das Reitgefühl den neuen Umständen gemäß angepasst werden. Das erfordert Geduld und Einfühlungsvermögen. Gerade in dieser Entwicklungsphase liegt eine große Chance, den
achtsamen und sorgsamen Umgang mit dem eigenen Körper zu vermitteln! Jugendliche können lernen, auf ihren Körper zu hören, sinnvoll zu trainieren und auch mit weniger tollen Leistungen zufrieden zu
sein. Sie können lernen, die eigene Leistungsgrenze auszuloten und
vorsichtig zu erweitern.

Psychische Überforderung

Jugendliche wollen Verantwortung übernehmen! Sie wollen an ihre Grenzen gehen und es vor allem Erwachsenen gleichtun. Dadurch sind sie aber verführbar! Sie wollen unabhängig sein und Verantwortung tragen dürfen. In jedem Reitstall wird Hilfe gebraucht. Da die äußere Erscheinung oft täuscht, lässt man sich vielleicht gerne dazu hinreißen, den Jugendlichen Aufgaben zu überantworten, denen sie sich letztlich nicht gewachsen fühlen. Ein freches Pony soll aufgezäumt werden. Der Jugendliche fühlt sich geehrt, schafft es aber letztlich doch nicht. Oder das neue Pferd soll auf die Koppel gebracht werden und macht Schwierigkeiten beim Führen. In manchen Arbeitsaufträgen liegt eine potentielle Unfallgefahr, weil sie eine Überforderung darstellen. Es ist immer hilfreich, sich vor der Aufgabe für den Jugendlichen sein tatsächliches Alter zu vergegenwärtigen.

Nicht gefährlich, aber dennoch **eine Überforderung** ist **das Erteilen eines Unterrichts** im Stile einer Unterweisung **für Erwachsene.** Es werden möglicherweise analytische Gedankengänge eingefordert, die noch nicht vollzogen werden können!

Die körperliche Veränderung hat oft auch psychische Folgen. Die Jugendlichen müssen sich erst mit dem fraulichen und männlichen Körper anfreunden. Es ist durchaus ein anderes Reitgefühl, wenn die Oberweite beim Reiten mitschwingt! Der aufgerichtete Reitsitz wird oft nicht mehr eingenommen, weil sich die Mädchen für ihren Busen schämen. Viele junge Reiterinnen sitzen deshalb mit Rundrücken am Pferd. Einerseits fehlt der Haltemuskulatur die Kraft, andererseits wollen die Mädchen ihre Geschlechtsmerkmale nicht zur Schau stellen.

Hormone bringen den Körper und auch die Stimmungen durcheinander. Die Pubertät ist von Stimmungsschwankungen gekennzeichnet.

Das alles sind Gründe, die den Unterricht mit pubertierenden Jugendlichen nicht gerade erleichtern. Es macht trotzdem Freude, die

Kann eine 12-Jährige die Reaktionen eines 2-Jährigen einschätzen und bei Schwierigkeiten mit dem Pony richtig reagieren? Ich bin der Meinung „Nein" – daher eine gefährliche Situation, noch dazu ohne Kopfschutz für den Buben.

Heute bin ich gut drauf.

Herausforderung anzunehmen, Jugendliche für den Reitsport zu begeistern und sie in ihrer Entwicklung ein Stück begleiten zu dürfen!

Beispiel – Nichts geht mehr!

Ich schildere nun eine Krisensituation beim Reiten und wie einfühlsames Unterrichten diese Krise als Lern- und Entwicklungschance nützen kann.

Das 12 Jahre alte Mädchen, eine erfahrene Reiterin, hat einen eindeutigen Wachstumsschub hinter sich. Die ehemals flache Brust tritt durch das T-Shirt deutlich in Erscheinung und das sportliche Mädchen macht einen leichten Rundrücken. Gezielte Übungen zur Streckung des Oberkörpers gelingen nur kurzfristig, weil die notwendige Kraft, die Aufrichtung über längere Zeit hinweg aufrecht zu erhalten, momentan fehlt.

Das Arbeitsthema ist Reiten von Kleinen Touren, Biegungen und Übergängen. Besonders beim Reiten Kleiner Touren im Trab wird deutlich, dass die veränderte Körperhaltung und die fehlende Kraft Auswirkungen auf die Hilfengebung haben. Das Pferd fällt nämlich jedes Mal in den Schritt und das Mädchen wird zusehends missmutig. Sie beginnt, an sich zu zweifeln, und ist der Meinung, dass sie überhaupt nichts mehr kann. Wir einigen uns darauf, dass sie jedes Mal beim Reiten der Kleinen Tour versucht, sich aufzurichten und die Aufrichtung bis zum Ende der Tour durchzuhalten. Ich darf ihr vom Boden aus Unterstützung geben.

Ich mache ihr bewusst, dass ihr Muskelwachstum nicht Schritt halten kann mit dem Längenwachstum ihres Körpers. Sie muss die Muskulatur achtsam kräftigen, um wieder den alten Leistungsstand zu erreichen.

In gemeinsamer Zusammenarbeit gelingt das Reiten der Kleinen Touren im Trab.

Zusammenfassung der methodischen Schritte

- Schwierigkeiten erkennen.
- Unterstützung geben.
- Kompetenz durch gemeinsam vereinbarte Lösungswege fördern.
- Zusammenhänge bewusst machen.
- Erfolgserlebnis schaffen.

> **Tipp:**
>
> Jugendliche wollen in Entscheidungen mit einbezogen werden. Das fördert die Kompetenz und Selbstverantwortung!

Schon ein bisserl steif, Frau Doktor? – Reiten im Erwachsenenalter

Ob zwanzig Jahre oder sechzig Jahre alt – der Körper eines Erwachsenen ist nicht mehr so geschmeidig wie der eines Kindes. Grundsätzlich muss beim erwachsenen Reiter davon ausgegangen werden, dass es für ihn wesentlich schwerer ist, in einen Bewegungsdialog mit dem Pferd zu treten, weil ihn manche Steifheit an der notwendigen Anpassung an das Pferd hindert. Je älter der Erwachsene ist, umso eher muss angenommen werden, dass bereits motorische Einschränkungen bei ihm vorliegen.

Wesentlich für das Erlernen des Reitens ist es, mögliche körperliche Einschränkungen zu berücksichtigen. Eventuelle Folgen von Unfällen oder berufsbedingte Haltungsfehler können Muskelverkürzungen und andere Schwierigkeiten für das Einnehmen des Reitsitzes und die damit verbundene Hilfengebung zur Folge haben. Anweisungsorientierter Unterricht, wie „Kopf hoch" oder „Schultern zurück", schreibt Haltungen vor und führt umso mehr zu einem steifen Sitz, der gesundheitlich bedenklich ist und in keinem Fall den gewünschten Ausgleich zum Alltag darstellt.

Der normierte Reitsitz kann für manche Menschen sogar gesundheitsschädlich sein.

> Das endgültige **Erreichen eines normierten Reitsitzes** geht somit an den Bedürfnissen und Möglichkeiten vieler Erwachsener vorbei. Oft begegnen mir Menschen, die sich an einen höchst unbequemen Reitsitz gewöhnt haben.

Sie haben sich daran ebenso gewöhnt wie an ungesunde Arbeitsbedingungen oder krankmachende Beziehungen. Erst in der Erarbeitung eines gesundheitsförderlichen Sitzes wird ihnen das Unbequeme des alten Sitzes bewusst. Ich ernte stets großes Erstaunen, weil viele Reiter dann äußern, sie hätten geglaubt, dieses Gefühl gehöre halt zum Reiten dazu. Die Freude ist umso größer, wenn ihnen bewusst wird, dass Reiten wirklich angenehm und entspannend sein kann. Der Weg zum gesundheitsförderlichen Sitz führt immer über Übungen, die den Reitern mehrere Wege zur Umsetzung offen lassen. Solche erfahrungsorientierten Übungen beteiligen den Menschen und ermöglichen dem Gehirn, quasi selbst einen

Nicht richtig oder falsch, sondern das Eigene finden zu lassen, führt zu einem harmonischen Sitz.

Die Trainerin für ganzheitliche Reitpädagogik bietet erfahrungsorientierte Übungen an.

Weg zur Lösung zu finden. Das Erteilen von Anweisungen führt nämlich speziell im Anfängerunterricht zu unnatürlichen, verspannten Sitzformen.

Aber auch reiten zu lassen, wie die Schüler möchten, also ältere Reiter quasi als hoffnungslosen Fall zu betrachten, ist weder für das Pferd noch für die Reiter positiv. Es ist eine Tatsache, dass 85 unkoordinierte Kilo für das Pferd weit unbequemer sind als 35 unkoordinierte Kilo. Tatsache ist aber auch, dass 90 geschmeidige Kilo für das Pferd angenehmer sind als 60 Kilo, die sich am Zügel festhalten, bei jedem Trabschritt ins Kreuz fallen, mit den Schenkeln den Rippenbogen umklammern und mit den Fersen in den Bauch hämmern!

Beispiel – Hoffnungsloser Fall!

Im folgenden Beispiel beschreibe ich eine Reiterin, die seit Jahren ein eigenes Pferd hat und bei verschiedenen Trainern Reitunterricht nimmt. Gerade in unserer Gegend auf Urlaub, möchte sie eine Dressurstunde auf einem meiner Pferde haben. Ihr Sitz unterstützt zwar das Pferd wenig, stört es aber auch nicht in seinem Bewegungsablauf. Sie hat in der Hüfte, in den Kniegelenken und im Nacken eine leichte Blockade und lässt dort den Bewegungsfluss des Pferdes nicht durch. Sie hat vor allem auch Schwierigkeiten, das Pferd vorwärts zu treiben. Da ihr eigenes Pferd auch faul ist, hat sie die Einsicht, dass das wohl an ihr liegen könnte, wenn das Problem bei einem anderen Pferd genauso auftritt. Sie schildert mir auch ihre erfolglosen Versuche, die Unterschenkel ruhig zu bekommen. Sie meint, sie sei ein hoffnungsloser Fall.

Erfahrungsorientierte Angebote auf Basis der Bewegungslehre

Ich biete ihr **zwei Übungen** an: Die erste Übung dient zur Lösung der Blockade in der Hüfte und im Knie mit dem Ziel, das Pferd effizienter vorwärts zu bekommen.

Die zweite Übung kräftigt jenen Muskel, den sie braucht, um die Unterschenkel ruhig halten zu können.

Ich erkläre ihr die Zusammenhänge auf der Basis der Bewegungslehre. Beide Übungen führen innerhalb der Reiteinheit zum gewünschten Erfolg.

Besonders gefreut hat mich die Nachricht, dass sich die Erfahrungen der Reitstunde auch positiv beim eigenen Pferd umsetzen ließen!

Übung für den Tiefen Sitz	Übung für den ruhigen Unterschenkel
Jeweils einen Oberschenkel wenig seitlich anheben, nach innen drehen und nach hinten führen. Beidbeinig im Wechsel, 2–6 x	Kräftigung des Abspreizmuskels – Oberschenkel seitlich wegheben, nach innen drehen und bis zu 5 Sekunden in der Luft halten
Achtung! Diese Dehnungsübung, bitte nicht machen, ohne vorher aufzuwärmen! Oberkörper möglichst nicht nach vorne lehnen, weil sonst kein Dehnungseffekt vorhanden ist.	Auch als Trockenübung am Boden im Stehen gut. Achtung! Das ist eine Kräftigungsübung. Daher nachher wieder entspannen!

Achtung!

Keine Übung weitermachen, wenn Schmerzen auftreten!

Der Schmerz zeigt die Grenze – immer in Kontakt mit den Schülern bleiben!

Die Reiterin hatte ein konkretes Problem. Einfühlsames Unterrichten heißt somit auch, ein mitgebrachtes Problem zum Gegenstand der Reiteinheit zu machen.

Ich habe im vorigen Beispiel aufgezeigt, wie man auf der Erwachsenenebene Erfahrungen ermöglichen kann. Die Unterrichtsform ist im Unterschied zum spielorientierten Ansatz für Kinder und Jugendliche analytischer. Erwachsene wollen intellektuell verstehen, was sie tun.

Fast das Paradies – talentierte Reitschüler

Ich habe bisher entwicklungsbedingte Besonderheiten der unterschiedlichen Altersgruppen aufgezeigt. In diesem Zusammenhang habe ich auch vom „Lernen auf Anhieb" gesprochen. Lernen auf Anhieb betrifft jene talentierten Menschen, die sich mit dem Erlernen neuer Bewegungsmuster leicht tun. Talentiert ist jemand, der eine gute Körperwahrnehmung hat und daher schnell in einen harmonischen Bewegungsdialog mit dem Pferd treten kann. Der talentierte Schüler hat Gefühl für Rhythmus und Balance. Hat er dann auch noch ein Gespür für Ästhetik und Eleganz, besitzt er Reitertakt, kann man jedem Reitlehrer zu diesem Schüler gratulieren. Dieser Schüler hat auch die Fähigkeit, einen künstlerischen Ausdruck in seine Reiterei zu bringen.

Ganz am Anfang!

Der talentierte Reitschüler wird sich relativ **schnell zu den fortgeschrittenen Reitern** zählen dürfen. Je weniger er auf sich achten muss, umso mehr kann er auf Feinheiten in der Arbeit mit dem Pferd eingehen.

Talentierte und auch bereits sehr erfahrene Reiter brauchen, um weitere Erfolge zu erzielen, neben erfahrungsorientierten Lehrangeboten auch einen anweisungsorientierten Unterricht. Ab einem bestimmten reiterlichen Niveau kann auf das Erteilen von Anweisungen nicht mehr verzichtet werden. Anweisungen sollen kurz, prägnant und meist zum richtigen Zeitpunkt gegeben werden, um bestimmte Reaktionen des Pferdes hervorzurufen.

Abgestürzt!

Beginnend mit dem Reiten für Kleinkinder über Volksschüler, Jugendliche bis zum Erwachsenen habe ich auch unterschiedliche Krisensituationen beschrieben. Einer Krise, die gerade beim Reiten auftritt, möchte ich noch Platz geben, nämlich dem Sturz vom Pferd!

Egal in welchem Alter geritten wird – der Sturz vom Pferd kann passieren. Reiten ist die Auseinandersetzung mit einem Fluchttier. Trotz aller Ausbildung, trotz aller Gelassenheit vieler Pferde kann ein Sturz leider nie ausgeschlossen werden.

Was geschieht bei einem Sturz? Warum weinen viele bitterlich, obwohl doch ein Ausrutscher auf einer Eisplatte beim Skifahren manchmal viel schmerzhafter sein kann?

Auf emotionaler Ebene bedeutet Herunterfallen vom Pferd immer einen **Bruch der Beziehung**. Das ist es, was in der Seele so schmerzt!

War man doch zuerst mit dem Pferd wunderbar symbiotisch verbunden, konnte man die Freundschaft zum Pferd gerade noch genießen, bleibt einem im nächsten Augenblick schon die Luft weg beim Aufprall auf dem Boden. Die Freundschaft ist plötzlich abgeschnitten! Oft meint man, das Pferd sei schuld am Sturz. Wie kann es aber auch so plötzlich einen Sprung machen und den Reiter absetzen! Der eigene Anteil am Herunterfallen wird dagegen selten erkannt und der Reiter ist zutiefst gekränkt, weil die Trennung vom Pferd ausgeht. Das Vertrauen in die Beziehung zum Pferd ist gebrochen.

Diese Prozesse finden auf einer unbewussten Ebene statt. Je reflektierter Reiter sind, umso eher können sie den eigenen Anteil am Sturz erkennen. Ein Erwachsener kann sicher im Unterschied zu Kindern eher erkennen, worin seine Verantwortung am Sturz gelegen hat. Trotzdem schwingt die Komponente des Vertrauensverlustes in der emotionalen Bearbeitung eines Sturzes immer mit.

Unsanfter Aufpralll am Boden – jeder Sturz vom Pferd stellt einen Bruch der Beziehung dar.

Was ist nach einem Sturz zu tun?

Auf die Höhe des Reiters gehen, also niederknien, und als erstes abklären, ob der Reiter verletzt ist! (Wenn ja, die Regeln der Ersten Hilfe einhalten. Wichtig: Absichern der Unfallstelle!)

Jeder Sturz stellt eine Schocksituation dar. (Schock ist in diesem Fall ohne Vorliegen eines körperlichen Schadens psychisch gemeint!) Der Schreck fährt einem gleichsam in alle Glieder! Folgende Hilfestellungen haben sich meiner Meinung nach in der Praxis bewährt: Ausatmen lassen, ein langsames Aufstehen begleiten und alle Glieder ausschütteln. Das Ausschütteln begünstigt, dass sich der Schreck im Körper nicht verfestigen kann.

Bei der neuerlichen Begegnung mit dem Pferd ist es vorteilhaft, die Beziehungsqualität zwischen Mensch und Pferd wieder zu festigen.

Tipp:

Als Lehrer muss man nicht um jeden Preis den Reiter nach einem Sturz wieder aufs Pferd setzen! Gerade, wenn das Pferd weiterhin Unsicherheit vermittelt, ist es besser, Versöhnungsangebote vom Boden aus zu machen.

Ganzheitliche Reitpädagogik

– kompetente Begleitung auf dem individuellen Weg zum Reiten

Wir Erwachsene sehen, wie es ist,
und fragen: „Warum?
Kinder träumen davon, wie es sein könnte, und sagen: „Warum nicht?"
(Verfasser unbekannt)

Erfüllt jeder Reitunterricht, jeder Kontakt zu Pferden den Anspruch, den Menschen in seiner Gesamtheit anzusprechen und fördern zu wollen? Leider muss die Frage eindeutig mit „Nein" beantwortet werden. Weder Reiten noch das Erteilen von Unterricht stellt a priori die Würde des Menschen und des Pferdes in den Vordergrund. Denn, rückblickend betrachtet, sind es genau diese Werte, die in den vorigen Kapiteln beschrieben wurden! Es wurde gezeigt, mit welchen Methoden diese Würde gesichert werden kann.

Es gibt erfreulicherweise immer öfter Angebote in der Pferdebranche, die mit relativer Sicherheit jene Werte verkörpern, von denen wir hier sprechen: Würde, Wertschätzung, Achtsamkeit und gegenseitiger Respekt!

In diesem Kapitel stelle ich die ganzheitliche Reitpädagogik nach Dell'mour® vor. Sie setzt sich aus dem Angebot der reitpädagogischen Betreuung – FEBS – und der ganzheitlichen Reitpädagogik – GRiPs – zusammen. Beide haben sich aus meiner jahrzehntelangen Praxis entwickelt. Aus einer achtsamen Zuwendung an meine Schüler und Pferde, begründet auf aktuellen Ergebnissen aus Wissenschaft und Forschung, ist dieser pädagogische Ansatz entstanden.

Ganzheitliche Reitpädagogik (nach Dell'mour)
= Acht haben auf:

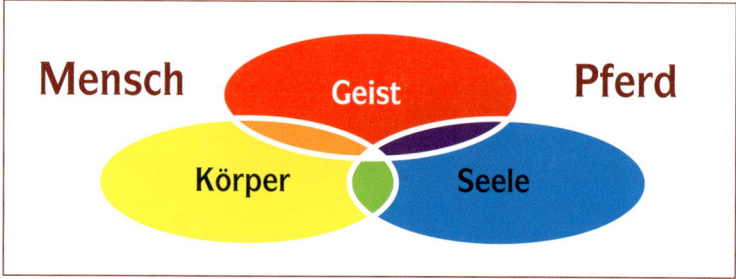

Kompetente Begleitung auf dem individuellen Weg zum Reiten

Die reitpädagogische Betreuung FEBS – der Reitkindergarten

Die reitpädagogische Betreuung, auch FEBS genannt, ist für Kinder der ideale Einstieg in jede Sparte des Reitsportes.

Die reitpädagogische Betreuung ist eine bundeszertifizierte Ausbildung. Sie wird über die ländlichen Fortbildungsinstitute der Landwirtschaftskammern seit dem Jahr 2000 angeboten. Österreichweit wird diese Ausbildung seit Jahren erfolgreich abgehalten.

Mein pädagogisches Konzept wurde erstmals gemeinsam mit dem LFI Oberösterreich als Zertifikatslehrgang ausgearbeitet. Das Bildungsinstitut in Oberösterreich ist als Entwicklungspartner erster Stunde im Infokasten angegeben.

Infos zur Ausbildung:

Zertifikatslehrgang Reitpädagogische Betreuung
Ländliches Fortbildungsinstitut der Landwirtschaftskammer
Oberösterreich

Auf der Gugl 3; 4021 Linz
Tel. 050/6902-1500; www.lfi-ooe.at; info@lfi-ooe.at

Die reitpädagogische Betreuerin, in Folge RPB genannt, versteht sich als Spielgruppenleiterin mit Pferd bzw. Pony. Speziell jüngere Kinder ab 3 Jahren finden einen optimalen Rahmen, um den ersten vertrauensvollen Kontakt zum Pony zu knüpfen. Die Kontaktaufnahme geschieht unter Einbeziehung der kindlichen Fantasie, Gestaltung von gemeinsamen Erlebnissen, Anregung zu vielfältiger Bewegung und Begleitung beim Spiel. Beim FEBSen treffen sich reitbegeisterte Kinder und gemeinsam wird unter dem wachsamen Auge der reitpädagogischen Betreuerin die Welt des Pferdes spielerisch erobert! Die Beziehung zum Pony steht dabei im Vordergrund. Der Partner Pferd wird über die angebotenen Einheiten in jeder Hinsicht „begreifbar" gemacht. Die Kinder lernen dabei die wichtigsten Grundlagen im Umgang mit Pferden und der erste Grundstein für das Verständnis für das Pferd wird gelegt. Die RPB (reitpädagogische Betreuerin) versteht es, die aktuellen Reaktionen des Pferdes sachrichtig zu interpretieren und in die Arbeit mit den Kindern einfließen zu lassen.

Kinder lernen über FEBS Basiswissen und Grundkompetenzen fürs Reiten, wie

■ Putzen und Pflege
■ Fütterung
■ Grundlagen des Balancesitzes
■ Basiswissen rund um Pferd und Bauernhof/Stall
■ Wissen um verschiedene Verhaltensweisen des Pferdes

Darüber hinaus lernen sie aber auch eine ganze Menge an Fähigkeiten dazu, die über das rein technisch richtige Reiten hinausgehen!

- Gruppenkompetenzen
- Zutrauen und Mut
- Vielfältige Bewegungserfahrungen

Welches Kind wünscht sich nicht, auf dem Rücken eines Pferdes spielerisch die Welt zu erobern?

FEBS schließt die Lücke zwischen traditionellem Reitunterricht und dem Voltigieren, weil es speziell auf die Wünsche jüngerer Kinder eingeht. Unter Berücksichtigung entwicklungspsychologischer Bedürfnisse wurde diese Methode speziell für Kinder ab dem 3. Lebensjahr konzipiert, da viele Reitschulen Kinder erst mit 8 Jahren aufnehmen und beim Voltigieren üblicherweise ab 6 Jahren.

Was ist aber mit der großen Zielgruppe jener Kinder, die auf Jahrmärkten und in Pferdekarussells begeistert ihre Runden drehen? Diese finden im Reitkindergarten FEBS eine liebevolle und professionelle Reitspielgruppenleiterin, die gemeinsam mit einem kinderfreundlichen FEBS-Pony und anderen Kindern die Welt der Pferde öffnet. Nicht Leistung steht im Vordergrund, sondern Sicherheit.

Wie erlangen Menschen jedoch Sicherheit? **Sachkompetenz, Ich-Kompetenz** und **Sozialkompetenz** bieten den Boden für einen sicheren Umgang mit dem Pferd.

Das Pferd wird miteinbezogen. „Schau mal, was die Kinder gebaut haben!"

Ziel jeder reitpädagogischen Arbeit ist letztlich das Erlangen dieser Sicherheit auf genau jenen angesprochenen Ebenen. FEBS-Kinder könnten sagen: „Ich fühle mich sicher. Ich spüre mich im Bewegungsdialog mit dem Pferd. Ich verstehe das Pferd, kann seine Reaktionen meinem Alter gemäß einschätzen und mich danach verhalten, ebenso kann ich mit anderen Kindern die Freude rund ums Pferd teilen. Ich stehe nicht in Konkurrenz mit den anderen."

Die Kinder haben jede Menge Zeit zum Erforschen und Spüren-lernen. Sie werden unterstützt, einen effizienten Bewegungsdialog zum Pferd zu finden. Die Stunden sind lustig, aber immer unter Berücksichtigung des Wohles des Pferdes. Die reitpädagogische Betreuerin versteht es, das Pferd als mitfühlenden Partner ins gemeinsame „Spielboot" zu holen!

Äquivalent zum Skikindergarten ist das FEBSen auch noch für ältere Kinder als Einstieg und als wesentliche Grundlage für jedes spätere Reiten ideal. Speziell Kinder, die mehr Zeit mit dem Pony verbringen wollen, aber noch ein wenig schüchtern im Umgang mit Pferden sind, finden beim FEBSen die geeignete Antwort auf ihre Bedürfnisse.

Wie läuft eine FEBS-Stunde beispielsweise ab?

Die Gruppengröße schwankt, doch 2–4 Kinder in der Gruppe sind bei mir die Regel. Bei dieser Größe sind unterschiedliche Spielvarianten möglich. Die Umgebung ist hinsichtlich Spielanregung und Sicherheit vorbereitet. Eine optische Abgrenzung ist speziell für jüngere Kinder hilfreich. Entweder werden Stangen als Begrenzung auf den Boden gelegt oder ein dicker Gartenschlauch, eventuell, wie auf manchen Fotos ersichtlich,

Ideen und Bewegung rund um die Filzschnüre

können auch lange Pappstangen gewählt werden. Diese sind so leicht, dass sie von den Kindern selbst aufgelegt werden können. Das ist sicher ein Vorteil! Der abgegrenzte Bodenspielbereich muss jedenfalls ausreichend groß sein, damit Kinder zu vielfältigen Bewegungformen angeregt werden können. Innerhalb des sichtbaren Rahmens können Kinder ihren Spielideen nun freien Lauf lassen. Der Partner Pferd nimmt dabei eine zentrale Rolle ein und wird dabei stets von der RPB geführt! Jede Einheit folgt einem inneren

Plan, der die Struktur vorgibt. Innerhalb dieser Strukturen haben Kinder einen großzügigen Raum, sich mit dem Pferd, der Gruppe und mit sich selbst auseinanderzusetzen.

Das Material einer Einheit z. B. sind bunte, sensorisch sehr ansprechende Filzschnüre. Die Kinder werden dazu angeregt, mit diesem Material zu experimentieren. Was kann man alles damit machen? Lediglich Regeln, um Gefahren zu minimieren, werden vereinbart. Jeweils ein Kind reitet und setzt sich mit dem Pferd auseinander.

> Im Idealfall soll eine **Interaktion** der Bodenkinder mit dem Reitkind und dem Pony entstehen. Das Spiel entwickelt sich anhand der Ideen der Kinder weiter.

Phantasie und Kreativität sind keine Grenzen gesetzt (außer es wird gefährlich oder schadet einem anderen)!

Problemlösestrategien werden angeregt und der Frage „Wie können wir das Pony samt Kind mitspielen lassen?" nachgegangen

Die Dauer bzw. der Wechsel zwischen Bodenaktivität und Möglichkeit zum Reiten wird je nach Alter und Erfahrung der Kinder gewählt: Je jünger die Kinder sind und je weniger Erfahrung beim Reiten sie haben, umso rascher und öfter wird gewechselt. Das kommt den Triebimpulsen jüngerer Kinder sehr entgegen und ermöglicht eine optimale Anpassung an die neue Bewegung des Pferdes, ohne das Kind zu ermüden.

Ich habe die Erfahrung gemacht, dass Kinder, solange sie den Ablauf der Spieleinheiten noch nicht verstanden haben, sehr wenig Eigeninitiative zeigen können. Ihre Kreativität ist abhängig von außen kommenden Impulsen der Erwachsenen. Wie befriedigend sind dann erst die gemeinsamen Stunden mit den Kindern, wenn sie sich trauen, Ideen zu haben, wenn sie wissen, dass sie die Zeit haben, ihre Phantasie ausleben zu dürfen!

Je mehr Kompetenz Kinder innerhalb des FEBSens entwickeln, umso mehr kann ich mich zurückziehen. Zu dieser Kompetenz zählt auch der umsichtige Umgang mit dem Pferd, der ebenso spielerisch erlernt wird. Das freie Spiel der Kinder steht im Vordergrund, doch der Einsatz didaktischer Spiele, also Angebote, die einen konkreten Lerninhalt haben, wie z. B. sachrichtiges Putzen und Pflegen, sorgt für Abwechslung beim FEBSen.

Kreative Variante, Pferdefarben übers Spiel zu erlernen.

Die Möglichkeiten, erste Pferdeerfahrungen übers FEBSen anzubieten, sind nahezu unendlich. Die reitpädagogische Betreuung ist auch für die reitpädagogische Betreuerin eine überaus anregende und kreative Arbeit!

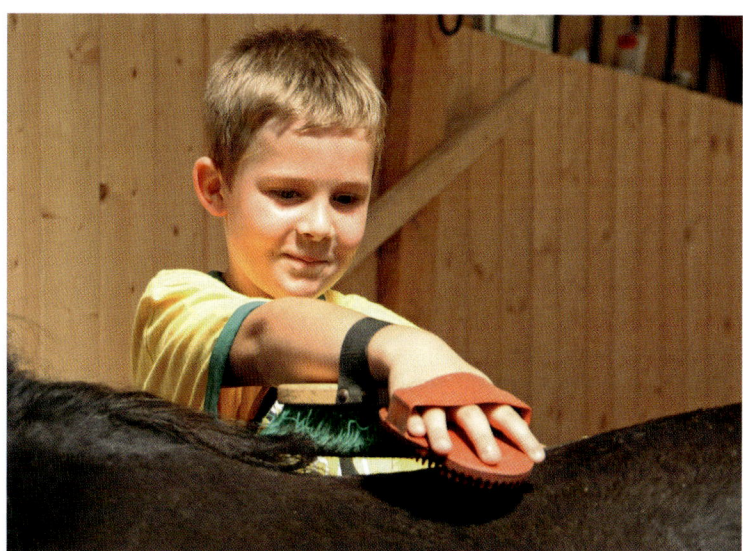

Sachrichtiges Putzen ist ein Lernziel in der reitpädagogischen Arbeit, aber Raum für tolle Erfindungen darf es trotzdem geben!

Von FEBS zu GRiPs – vom geführten zum freien Reiten

Ich habe bereits unterschiedliche Aspekte angesprochen, aus denen ich die methodischen Ansätze eines modernen Reitunterrichts entwickelt habe.

Ich will sie nochmals zusammenführen:

- Die Kinder, die zum Lebewesen Pferd drängen, werden immer jünger.
- Wirtschaftliche Tatsachen erfordern neue Strukturen, die einerseits Sicherheit für Mensch und Pferd gewährleisten und andererseits trotzdem wirtschaftlich interessant sind. Daher weg von der unpersönlichen Massenabfertigung hin zu einem pädagogisch hochwertigen Zugehen auf den Menschen.
- Zunehmender Bewegungsmangel der Menschen rechtfertigt neue, die Bewegungsfreude anregende Ansätze im Reitunterricht.
- Die Gesellschaft hat die Verpflichtung, Orte der Sicherheit, des sozialen Austausches, Räume, wo Eigenes entstehen darf, Plätze für Bewegungsfreiheit und Entfaltung bar jeglichen Anspruches an Leistung für Kinder bereitzustellen.

> - Die drastische Zunahme an typischen Zivilisationserscheinungen, wie Haltungsschäden, Dauerstress und daraus resultierenden Krankheiten, steigert die Notwendigkeit, dass Freizeitangebote auch gesundheitsfördernd sein sollen.
> - Das Erlernen eines geschmeidigen, blockadefreien Sitzes beim Reiten beispielsweise stellt die notwendige Basis für gesundes Reiten dar.
> - Speziell Erwachsene wünschen sich einen einfühlsamen Unterricht, der auf individuelle Besonderheiten Rücksicht nimmt.

FEBS – Reiten lernen mit Fantasie, Erlebnissen, Bewegungsangeboten und Spielen

Der Reitkindergarten FEBS stellt für Kinder DEN idealen Einstieg zum Reiten dar. Er ist zwar ursprünglich für Kinder von 3–9 Jahren entwickelt worden, kann aber durchaus auch für ältere Kinder als geeignete Methode angesehen werden, einen ersten Zugang zum Pferd zu finden. Selbstverständlich richtet sich die Dauer des Unterrichtsangebotes nach dem Einstiegsalter. Je jünger, desto länger wird gefebst! GRiPs sowie FEBS sind erprobte Konzepte für den sicheren Zugang zum Pferd. In der reitpädagogischen Betreuung wird das Pferd immer geführt und in der weiterführenden „ganzheitlichen Reitpädagogik" werden Reiter vom geführten zum freien Reiten schrittweise begleitet. Sowohl beim FEBSen wie auch beim späteren freien Reiten wird mit Bokis (Bodenkindern) und Reikis (Reitkindern) gearbeitet. Ich komme später darauf zurück.

GRiPs – Lehrer, Schüler und Pferde werden zum Mitdenken angeregt, um kreative Lösungswege zu finden.

Warum sind diese Konzepte so erfolgreich?

Aspekt Reitgurt

Die Verwendung eines Reitgurtes mit zwei Griffen ermöglicht das Erlernen des sicheren Balancesitzes. Wer in Balance reiten kann, ist in der Lage, die Bewegungen des Pferdes auszugleichen und sich ihnen anzupassen. Das erhöht die Sicherheit.

Aspekt Körpergefühl

Wer ein gereiftes Körpergefühl über den Unterricht entwickeln konnte, kann den Dialog mit dem Pferd korrekter führen. Haltungen des Pferdes können vorausschauend erkannt und umgesetzt werden, so dass Unfälle dadurch weitgehend vermieden werden können, weil die Reaktionen des Pferdes rechtzeitig erkannt werden. Ängstigt sich das Pferd, wird die erhöhte Muskelspannung über den eigenen Körper erkannt und sachrichtige Maßnahmen zur Absicherung können entsprechend ergriffen werden.

Aspekt sicherer Umgang mit dem Pferd

Die Reitlehrmethode vermittelt einen sachrichtigen Umgang mit dem Pferd. Auf der Basis der Verhaltensbiologie wird das Wesen Pferd verstanden und Verhaltensweisen können erkannt und zugeordnet werden. Die Vermittlung des Lehrinhaltes geschieht über effektive, moderne Lehrstoffvermittlung, angepasst an das jeweilige Alter der Schüler. Dadurch ist die Umsetzung der Inhalte umfassend und der Umgang mit dem Pferd wird wesentlich sicherer.

Kinder im Boki-Bereich beim selbst erfundenen Laufspiel

Aspekt Struktur Bokis und Reikis

Der Einsatz von Bodenkindern ist für den gesamten Reitunterricht eine Bereicherung. Die Kinder lernen über das Beobachten Zusammenhänge und erweitern dadurch ihre reiterlichen Kompetenzen. Die vielfältigen Bewegungsanregungen unterstützen den Wunsch nach sportlicher Betätigung.

Aspekt pädagogisches Einfühlungsvermögen

Menschen, die einen ganzheitlichen Ansatz im Reitunterricht verfolgen, müssen über ein ausgereiftes pädagogisches Einfühlungsvermögen verfügen. Diese pädagogischen Handlungsweisen können erlernt und über Weiterbildung und Erfahrung vertieft werden. Einfühlungsvermögen und das Wissen über entwicklungsbedingte Fakten lassen den Reitunterricht sicherer werden und Unfälle können dadurch eher verhindert werden, weil es zu keinen körperlichen Überforderungen und verbalen Fehlgriffen kommen kann.

Aspekt Wurzeln der klassischen Reitlehre

Das pädagogische Konzept ist auf den Grundlagen der klassischen Dressur, die Reiten als Reitkunst versteht, entwickelt worden. Es wird keine neue Reitmethode unterrichtet, sondern lediglich die Vermittlung unterliegt neuen, effektiven Lehrmethoden. Da sich alle Reitweisen auch auf Erkenntnisse der klassischen Dressur stützen, ist die Anwendung für unterschiedliche Reitweisen geeignet.

Der Sattel im Gras – das macht Spaß – ein Plädoyer für den natürlichen Sitz!

Um sich im Sattel wohlzufühlen, muss man ein sehr guter oder ein sehr schlechter Reiter sein.
(Waldemar Seunig)

Aussitzen im Trab ist mit dem Gurt viel einfacher! Das Bewegungsgefühl kann optimal geschult werden.

Was macht einen guten Reiter aus? Pferdewissen, Pferdeverständnis, faires Verhalten und natürlich ein geschmeidiger, natürlicher Sitz. Unter

„natürlich" verstehe ich jene optimale Muskelarbeit am Pferd, die im Dialog mit dem Pferd ausreichend aktiv und gleichzeitig entspannt ist. Der Mensch hat dabei den optimalen Muskeltonus gefunden, um sich mit dem Pferd zu verständigen. Die Hilfengebung ist für andere fast unsichtbar und ein harmonischer Sitz kann zu jeder Zeit die Bewegungen des Pferdes mitmachen. Er ist beweglich und verfügt über ein Koordinationspotenzial. Der Reiter behindert das Pferd nicht, sondern unterstützt es bei der Ausführung diverser Übungen und letztlich bei der Entfaltung seiner Potentiale. Ein guter Sitz ermöglicht den Einsatz differenzierter und effizienter Hilfen mit geringstem Kraftaufwand.

So zu reiten wird aber nicht nur von hochkarätigen Turnierreitern gefordert. Auch der ganz normale Freizeitreiter sollte imstande sein, das Stadium der klemmenden und klopfenden Schenkel und der hochgezogenen Knie hinter sich zu lassen.

Mir ist durchaus bewusst, dass Reiten lernen Zeit braucht, die heute niemand mehr zu haben glaubt.

Wer hat schon Lust auf jahrelanges Sitztraining an der Longe? Reiter wollen Action und kein fades Im-Kreis-Laufen.

> Das Reiten mit Sattel und Steigbügeln stellt einen hohen Anspruch an die **Koordinationsfähigkeit.**

Korrektes Leichtreiten im Trab erfordert gerade zu Beginn der reiterlichen Karriere relativ viel Kraft in den Beinen, die erst mühsam antrainiert werden muss. Ohne den effektiven Einsatz der Beinmuskulatur verkommt das Leichtreiten höchstens zu einem rhythmischen Schaukeln. Beim korrekten Leichtreiten werden auch jene Muskeln betätigt, die letztlich für einen sicheren Sitz verantwortlich sind. Können Reiter die dabei notwendigen Muskelgruppen nicht einsetzen, wird der Zügel gerne als zusätzliche Stütze verwendet.

Klassische Reitlehren, räumen dem Aussitzen vor dem Leichtreiten einen besonders wichtigen Platz ein. Alois Podhajsky, ehemaliger Leiter der Spanischen Hofreitschule in Wien (1939–1964), weist besonders auf die Fähigkeit des Reiters hin, vor dem Beginn des Leichtreitens im Trab einige Takte auszusitzen, ebenso vor dem Übergang zum Schritt. Das soll dem Pferd helfen, zu einem gleichmäßigen Takt und seiner Balance zu finden. Auch Kurt Albrecht, ebenfalls Leiter (1974–1985), weist in seinen „Dogmen der Reitkunst" darauf hin, dass das Erlernen des ausgesessenen Balancesitzes die höchste Priorität am Beginn einer reiterlichen Ausbildung hat. Er bezeichnet Lehrer, die „eine andere Forderung am Beginn der Ausbildung stellen, als verantwortungslos". Reiter, die aussitzen können, sind auch in der Lage, eine feine Hilfengebung anzuwenden. Sie verstehen, was ihr Handeln im Pferd auslöst, weil sie es spüren. Das ist nichts Neues, werden viele sagen! Aber das Aussitzen zu beherrschen, sei viel schwieriger als das Leichtreiten. Das stimmt, wenn vom üblichen Reiten mit dem Sattel ausgegangen wird. Nicht umsonst wird im heutigen Anfängerunterricht primär das Leichtreiten eingeübt. Viel schneller erreicht man dadurch ein scheinbar sicheres Reitgefühl und meint, man wäre schon in der Lage, ein Pferd selbständig zu reiten. Selten hat jemand Lust, sich möglicherweise unzähligen Stunden Longeunterricht zu unterziehen, um das Aussitzen zu erlernen.

Die Lehrmethode der ganzheitichen Reitpädagogik bietet da eine Alternative an!

Ein ausbalancierter Sitz ermöglicht eine differenzierte Hilfengebung.

Aus mir wird mal ein toller Reiter!

In der ganzheitlichen Reitpädagogik wird, wie schon erwähnt, ein **Gurt mit zwei Griffen** verwendet. Er ist besonders förderlich für die Entwicklung eines unabhängigen Sitzes.

Der Gurt wird in Kombination mit einer dicken Reitdecke verwendet. Er bietet optimale Bewegungsfreiheit und daher auch jeden Freiraum für die Umsetzung diverser Spielideen der Kinder. Das Reiten mit Gurt und Decke bietet aber auch für jede Gesäßgröße Platz, was von vielen Sätteln nicht behauptet werden kann!

Der Unterricht wird im Wechsel unterschiedlicher Techniken angeboten. Die Pferde werden geführt, longiert, am Langzügel gelenkt oder aber auch von den Reitern in der Bahn und bei einem Ausritt frei geritten. (Achtung! Beim FEBSen wird das Pferd nur geführt!!!)

Unterricht einer Frau unter ganzheitlichen Gesichtspunkten an der Longe

Das Reiten mit dem Gurt fördert einen **natürlichen ausbalancierten Reitsitz**, so dass dem vielfältigen Reitvergnügen nichts im Wege steht. Das Aussitzen im Trab und im Galopp wird wesentlich leichter erlernt als im Sattel und nahezu alle Sitzprobleme können über das Reiten mit Gurt behoben werden.

Wird das Aussitzen beherrscht, wechsle ich auf den Sattel. Ich habe immer die Erfahrung gemacht, dass es dann überhaupt kein Problem ist, leichtzureiten. Die dafür notwendige Muskulatur ist bereits aufgebaut und mit ein paar Tipps klappt das Ausbalancieren beim Leichtreiten. Der spätere Umstieg auf den Sattel gelingt also in der Regel leicht. Die ausgeprägte Fähigkeit, mit den Bewegungen des Pferdes mitschwingen zu können, und die gesicherte Selbstwahrnehmung des eigenen Körpers lassen die zusätzlichen Anforderungen, die ein Reiten mit Sattel darstellen, leicht bewältigen. Mit Sicherheit kann gesagt werden, dass der umgekehrte Weg, nämlich zuerst im Sattel und dann auf dem Gurt zu reiten, weit schwieriger ist. Das Finden des Gleichgewichtes ist viel schwerer. Interessant ist auch, dass sehr viele Reiter den Gurt vorziehen, weil sie das Pferd besser spüren!

Der „Husarenstand" – Balanceübung mit Sattel für das korrekte Leichtreiten

Argumente für das Reiten mit Gurt und Decke im Überblick

- Zwei Griffe, die Bewegungsfreiheit bieten und dadurch die Bewegungsanpassung an das Pferd fördern.
- Zwei entsprechend hohe, breit angelegte Griffe, die einen aufrechten Sitz und eine gute Atmung ermöglichen.
- Die Griffe dienen wesentlich zur Erhöhung der Sicherheit, weil sie leicht zu fassen sind und jederzeit ergriffen werden können, gleichzeitig bei einer eventuellen Zügelführung nicht hinderlich sind!
- Keine zusätzliche Koordinationsanforderung mit Steigbügeln erforderlich – Steigerung der Sicherheit, kein Hängenbleiben möglich, keine Ablenkung vom Wesentlichen.
- Über die Reitdecke optimales Spüren des Pferdes möglich, Hilfengebung kann im Bewegungsdialog erfühlt und dadurch verstanden werden.

Auswirkungen auf das Pferd

Pferde mit hohem Widerrist brauchen ein zusätzliches Widerristpolster! Pferde mit einem herausragenden Rückgrat sind für das Reiten mit Gurt nur bedingt einsetzbar – unbedingt zur dicken Reitdecke ein Gelpad unter den Reitgurt schieben!

> **Achtung!**
>
> **Das Pferd muss an das Reiten mit dem Gurt gewöhnt werden. Die Einwirkung des Reiters wird auch vom Pferd schneller wahrgenommen!**

Meine Fundamente: Philosophie und Fantasie

In Wien, meiner Geburtsstadt, gab es wenig Gelegenheit, Kontakt zu Pferden zu haben. Beschränkt waren sie auf das Streicheln der Fiakerpferde und Mitfahren am Ponykarussel im Wiener Prater. Unvergesslich wird mir eine Begegnung mit einer Schimmelaraberstute in Mauerbach bleiben. Ich bin – damals war ich etwa 13 Jahre alt – unerlaubterweise in den Einstellerstall gegangen – da stand sie in ihrer Box und hat mich mit so lieben Augen angeschaut, dass ich es heute noch vor mir sehe. Möglicherweise hat mich genau zu diesem Zeitpunkt der Pferdevirus befallen, der mich nun schon ein ganzes Leben lang begleitet. Was hängen geblieben ist, würde ich aus heutiger Sicht „Atmosphäre" nennen. In diesem Stutenblick erkannte ich so viel Würde und Vertrauen. Vielleicht suche ich ein ganzes Leben lang immer wieder nach diesem Blick.

Prägende Momente meines Reiterlebens!

Jedenfalls entwickelte ich schon in jungen Jahren ein sehr feines Gespür für Stimmungen von Pferden. Es gefiel und gefällt mir noch heute, wenn ich alte wie junge Reitmeister bei der Arbeit beobachten kann. Besonders eindrucksvoll ist mir ein Videomitschnitt des legendären Dr. Reinhard Klimke in Erinnerung. Sein Ritt in New York mit Ahlerich! Er zeigte so viel Perfektion mit einer spielerischen Eleganz und das Auge seines Pferdes war bei aller Anstrengung freundlich und interessiert! Wie anders blickte so manches Fiakerpferd, wie angeekelt schaute manches Pferd während seines Turnierauftrittes.

Meine Fragen gingen in die Tiefe.

Ich beschäftigte mich immer mehr und intensiver mit dem Reiten selber. Was veranlasst ein Pferd, so prachtvoll unter seinem Reiter zu gehen? Was läuft schief, wenn es einen geknechteten Eindruck macht? Unzählige Bücher leisteten ihren Beitrag zu meinem Wissenszuwachs. Was mir jedoch nicht einleuchtete, war die Tatsache, dass ich die tollen, nachahmenswerten Grundsätze wirklich fast nie selber erlebt hatte. Weder bei meinen eigenen Reitstunden noch bei der Beobachtung unterschiedlicher Trainingseinheiten anderer Reiter.

Egal, ob man einen Udo Bürger liest, einen Nuno Oliviera, einen Podhaisky, einen Kurt Albrecht, einen Seunig oder Klimke – alle sind sich in einem einig: Das erklärte Ziel von Reiten ist das Erreichen von **Übereinstimmung und Harmonie von Pferd und Reiter** unter größtmöglicher Freiwilligkeit des Pferdes.

Ich habe mittlerweile in meinen 35 Jahren Branchenerfahrung sehr viel gesehen. Habe unbekannte Reitlehrer erlebt und beobachtet, die tollen, pferdegerechten Unterricht gegeben haben, und namhafte Trainer, die, noch bevor sie ein ihnen unbekanntes Pferd respektvoll kennen lernten, schon im Aufsteigen sinnlos zuschlugen (letzlich ohne Erfolg). Ebenso habe ich aber auch namhafte Trainer beobachten dürfen, die wunderbare Trainingseinheiten mit ihren Schülern durchführen, und gesehen, wie No-Names absoluten Unsinn verzapften! Ich konnte auch den Werdegang mancher Pferde mitverfolgen. Wie aus hochveranlagten Springpferden durch unsachgemäßes Handeln und maßlosen Ehrgeiz Sprungverweigerer gemacht wurden, konnte miterleben, wie man ganggewaltigen Dressurpferden systematisch den Gang weggeritten hat, und freute mich jedes Mal umso mehr, wenn Pferde toll vorgeführt wurden, denen man das zuerst vielleicht gar nicht

Die Autorin mit „Galvano"

zutraute, wie dicke Hafinger, die stolz am Platz geritten wurden, oder auch kleine Ponys, die gegen Warmblutpferde gewannen.

Letztlich kam ich zu der Erkenntnis, dass es talentierte Pferde gibt, bei denen der Reiter nur nichts mehr falsch zu machen brauchte, damit sie gefällig gegangen sind, und dass es Pferde gibt, bei denen der Reiter die Hilfen möglichst exakt geben muss, damit sie sich gut präsentieren können. Ich stellte fest, dass Pferde, wenn sie eher nach klassischen Grundsätzen geritten und ausgebildet werden (ich spreche immer von der Grundschule, also jenem Stadium, dass für alle Reitpferde notwendig ist), zufriedener sind und ihr Ausdruck schöner ist. So entwickelte sich in mir der Wunsch, selber Pferde ihrem Vermögen nach und für ihren zukünftigen Gebrauch hin auszubilden – in Leichtigkeit und Harmonie. Die Freude des Pferdes an der gemeinsamen Arbeit stand fortan für mich im Vordergrund. Das ist mein Zugang zum Pferd!

Bald erkannte ich das Dilemma der Branche an sich. Mögen die philosophischen Grundsätze der Reiterei im Sinne von Reitkunst noch so nachahmenswert sein, die große Zahl der zahlenden Reiter will schnelle Ergebnisse sehen. Sie haben keine Lust, sich einem jahrelangen Training zu unterziehen, sondern sie wollen möglichst kostengünstig schnelle Erfolge erzielen.

Nach unzähligen Rückschlägen, die im Endeffekt meine eigene Kompetenz als Reitvermittlerin ausmachen, entwickelte ich den in diesem Buch vorgestellten Ansatz. Es machte mich nicht glücklich, Pferde zu knechten, es machte mich auch nicht froh, Reitschüler zu „schleifen" wie in der Rekrutenausbildung beim Militär. Ich wollte und will, dass die Arbeit dem Pferd selber Freude macht, dass Schüler nach einem Unterricht motiviert bleiben und von mir unabhängig werden. Letzlich will ich selbst das Unterrichten freudvoll erleben.

Der Sitz muss sich an die Gegebenheiten anpassen! Hier geht's bergab! – Das muss mit dem Sitz ausgeglichen werden.

Ich erinnere mich an meine eigenen Reitanfänge zurück. Ich wollte einfach nur mit dem Pferd zusammen sein, es spüren, von ihm getragen werden. Gerne schweiften meine Gedanken während der Reitstunden ab. Ich war sicherlich für meine Reitlehrer kein Quell der Freude! Wie oft mussten sie mich ermahnen, weil ich nicht aufpasste, was mir gesagt wurde. Ich war im Land der Fantasie! Das hagere, steif gehende Pferd wurde in meinen Träumen zum feurigen Vollblüter, der staubige Reitplatz zum Strand am Meer mit Sonnenaufgang. Wie sehr hätte ich mir gewünscht, dass jemand meine Träume unterstützt hätte. Hätte man nicht eine spannende Bewegungsgeschichte mit Pferd machen können statt des üblichen Ablaufes der Reitstunden?

Mit zunehmenden fachlichen Kompetenzen durch meine Ausbildungen wurde mir immer mehr bewusst, wie sinnvoll es ist, Fantasie und Kreativität zu fördern, weil beide Bereiche wichtige Fähigkeiten für das Lösen von Problemen bereitstellen. Fantasievolle Menschen sind Menschen mit Visionen, und die Umsetzungen dieser Visionen haben oftmals neue Wege aufgezeigt.

Zunehmend gestaltete ich den Reitunterricht spielerischer und fantasievoller. Ich erkannte die Begeisterung der Kinder und ihre Enttäuschung, wenn mir nichts Spannendes einfallen wollte. Oft kamen die Kinder schon mit neuen Ideen in die Stunde. Das sind noch heute Momente, in denen mir klar wird, wie wichtig die wöchentliche Reitstunde für sie ist. In der Freizeit dazwischen werden schon wieder Ideen für die Reitstunde bei mir gesammelt!

Mein Verständnis als Reitlehrerin ist begründet auf Erkenntinsse der „alten Meister" der klassischen Dressur und dem Wissen um den Wert der Fantasie und der Freude an einer kreativen Unterrichtsgestaltung. Ich kann zu Recht sagen, Philosophie und Fantasie sind die zwei Säulen meiner Arbeitsweise.

Lieber „verrücken", als am Platz treten – im Wechsel mit Reitkindern und Bodenkindern

Es mag schon sein, dass mancher der altehrwürdigen Reiterei verbundene Reiter es verrückt findet, wenn Kinder und Jugendliche in Reitstunden den „Mann im Mond besuchen", statt Große Touren den Ring des Saturn bereiten, statt eines Diagonalwechsels die Milchstraße entlang schweben, um letztlich auf dem Mond zu landen. Es klingt möglicherweise in deren Ohren verrückt, wenn Erwachsene ihr Tempo beim Reiten finden sollen, statt einen richtigen Arbeitstrab zu reiten, wenn sie in sich hineinhorchen sollen, welche Haltung zu Pferd ihrer aktuellen Tagesverfassung entspricht. Klar, wo kommen wir denn da hin,

Jede Art zu sitzen darf ausprobiert werden und wird als Ausdruck des eigenen Seins geachtet. Der Sitz wird über Erfahrung erlangt und nicht über Anweisung.

wenn jeder macht, was es will? Haben diese Spielereien noch mit Reiten zu tun?

Ja, sie haben sehr viel mit Reiten zu tun! Jede spielerische Auseinandersetzung gleicht einem Bewegungsexperiment, worin die große Chance für das Erlernen reiterlicher Grundlagen liegt. Über Versuch und Irrtum wird der Sitz im Experiment gefunden und gefestigt.

> Die Beziehung zum Pferd und den Bewegungsdialog mit Pferden auf diese Weise erfahren zu dürfen, führt zu einem **vertieften Verständnis** für die biomechanischen Zusammenhänge des Reitens.

Wie Reiten gesund sein kann!

Der Balancesitz ist frei von Muskelverspannungen – so wird Reiten zum Gesundheitssport. Die Bewegung des Pferdes kann nun optimal auf den gesamten menschlichen Körper wirken, die Gelenke sanft beweglich halten sowie Organe, Kreislauf und Muskulatur stärken. Sollen diese Ziele jedoch nicht nur eine Handvoll Reittalente erreichen, ist ein Verlassen der alten, ausgetretenen Pfade erforderlich. Ich habe diese Pfade seit Jahren schon verlassen. Gerne bin ich abgerückt und habe mir und meinen Schülern einen neuen Weg eröffnet.

Wesentlicher Bestandteil des neuen Weges ist aber nicht nur ein Unterrichtsstil, der auf individuelle Bedürfnisse Rücksicht nimmt, sondern auch die Veränderung struktureller Abläufe innerhalb von Reitstunden. Ich kann im Rahmen dieses Sachbuches nicht auf alle Strukturen und Systeme, die in der ganzheitlichen Reitpädagogik und der reitpädagogischen Betreuung ihre Verwendung finden, eingehen, weil es den Rahmen des Buches sprengen würde. Das System der Reikis und Bokis will ich aber gerne an einem Beispiel der „ganzheitlichen Reitpädagogik" – GRiPs – vorstellen.

Beispiel – Das Bodenkind als Reitlehrerassistentin

Drei Mädchen zwischen 8 und 9 Jahren sind im Übergang vom geführten zum freien Reiten. Die Gruppe hat sich so weit entwickelt, dass wir nun schon mit zwei Pferden arbeiten können. Ein Pferd ist mit Gurt und Reitdecke ausgestattet, das andere mit Sattel und Steigbügeln. Jeweils zwei Mädchen reiten, eines ist mit mir am Boden und hat die Rolle einer Assistentin. Sie soll für die Kinder und die Pferde mittels der zur Verfügung stehenden Materialien Aufgaben überlegen. Sie baut einen leichten Slalom auf, ein Wurfspiel und ein Viereck aus vier Stangen, in dem dann auch wieder umgedreht werden muss. Der Abstand zwischen den Kegeln ist sehr knapp. In der Beobachtung, wie schwer es den Pferden fällt, die Tore richtig zu durchreiten, werden die ersten Erfahrungen für Distanzen gesammelt. Ich verwende die üblichen Unterrichtskommandos, das heißt Ankündigungskommandos und Ausführungskommandos. Ich rege das Boki an, den reitenden Kindern Aufgabenstellungen zu geben. Das Mädchen spricht sehr leise, erkennt aber, dass die Kolleginnen eine lautere Aussprache benötigen, und versucht, das umzusetzen. So lernt es nicht nur die Kommandos der Reiterei, sondern auch noch, in der Öffentlichkeit lauter zu sprechen.

Ich fordere das Boki immer wieder auf, die Hilfengebung der Reikis zu beobachten. In ständiger Rücksprache ermöglicht ihr das, vom Boden aus Reitfehler zu erkennen. Es werden Zusammenhänge immer bewusster und ein echtes Reitverständnis entsteht.

Das Bodenkind als Reitlehrerassistentin

Nach einiger Zeit erfolgt der Wechsel. Ein Reiki wird zum Boki und das Boki wird zum Reiki. Beim Pferd mit dem Sattel werden die Steigbügel auf die jeweils richtige Länge gerichtet.

Jedes Kind bekommt von mir die entsprechenden Aufgaben. Das Mädchen, welches mit Sattel reitet, erhält entsprechende Hilfestellung für das Leichttraben. Im Laufe der Reitstunde wird noch ein paar Mal durchgewechselt, damit jedes Kind an jeder Station mehrmals üben kann.

Glückliche Pferde, begeisterte Reitschüler, motivierte Reitlehrer – gibt's das?

Willst du einen Freund behalten,
nimm ihm nicht die Freiheit.
(Hans Much)

Die scherzhaft abgewandelte Version eines gängigen Sprichwortes lautet: „Das Glück der Pferde ist der Reiter auf der Erde." Können Pferde „glücklich" sein? Wenn biologische Grundbedürfnisse erfüllt sind,

Glückliche Pferde brauchen Sozialkontakte und
Bewegung an der frischen Luft.

könnte vorsichtig davon gesprochen werden. Die Neurowissenschaften haben mittlerweile lückenlos den Nachweis von Glück über Glückshormone im Gehirn des Menschen gebracht. Sie gehen davon aus, dass man grundsätzlich bei allen Säugetieren von ähnlichen Phänomenen ausgehen kann. Daher können Pferde genauso glücklich und unglücklich sein!

Pferde sind Fluchttiere, Herdentiere, Pflanzenfresser und Lauf- und Bewegungstiere. Damit ihre Bedürfnisse weitgehend befriedigt sind, brauchen sie einen relevanten sozialen Kontakt zu anderen Pferden.

Die Tierschutzverordnung von 2005 schreibt das Halten von mindestens zwei Pferden vor. Die **Einzelhaltung ist verboten** und widerspricht dem Tierschutz. Unter relevantem sozialen Kontakt verstehe ich die Möglichkeit zum Körperkontakt der Pferde untereinander.

Das Beknabbern und Wiehern durch die Gitterstäbe ist für ein „glückliches" Pferdeleben einfach zu wenig. Sich lediglich sehen zu können, ist zu wenig. Die körperliche Berührung macht auch Pferde glücklich und löst Wohlbefinden aus!

Pferde brauchen ausreichende und gleichmäßige Bewegung. Einmal am Tag raus aus der Box, rasant longiert oder ehrgeizig Dressur oder sonst wie gearbeitet, widerspricht seiner naturgemäßen Form einer gleichmäßig langsamen Fortbewegung. Pferde sind immerhin in freier Wildbahn 16 Stunden mit Futteraufnahme beschäftigt, wobei sie oft große Distanzen zurücklegen. Sie benötigen viel frische Luft, um sich ausreichend mit Sauerstoff versorgen zu können. Ein ganzheitlicher Ansatz wird stets auch die von den Rahmenbedingungen mögliche artgerechteste Haltungsform für Pferde suchen!

Kein Pferd schätzt das in manchen Reitweisen übliche Zusammenschnüren mittels Hilfszügeln. Wenig angenehm fürs Pferd sind auch ewig hämmernde Unterschenkel. Speziell im Basisunterricht, wo ein geschmeidiger Sitz entwickelt und erste reittechnische Grundlagen gelegt werden sollen, kommt ein gelassen gehendes Pferd den Reitern entgegen. Locker gehen zu dürfen, ohne dass ständig an den Zügeln gerupft wird – das ist Lebensqualität für unsere Pferde!

Nichts ist schlimmer als der unausgewogene Einsatz diverser reiterlicher Hilfen zur Verständigung mit dem Pferd oder Pony. Das Verhältnis von Zügeln zu der Fähigkeit, treibende Hilfen zum Einsatz zu bringen, steht meistens in einem Missverhältnis. Das führt unweigerlich zu Muskelverspannungen für beide – Reiter und Pferd. Ein steif sitzender Reiter ist höchst unangenehm fürs Pferd.

Unausgewogene Hilfengebung

Das An-den-Zügel-Reiten unterrichte ich erst, wenn der Sitz geschmeidig geworden ist und die Schüler im Gleichgewicht sitzen. Bis dahin wird am möglichst losen Zügel gearbeitet. Da die Pferde der ganzheitlichen Arbeitsweise entsprechend gelassen sein müssen, um die Kinder nicht zu gefährden, kann auf die Verwendung von Hilfszügeln weitgehend verzichtet werden. Wie naheliegend ist es, dass ein so freiheitsliebendes Tier, wie es das Pferd ist, weitaus glücklicher ist, wenn es möglichst frei und zwanglos gehen darf!

Das Reiten mit losen Zügeln schützt das Pferd vor ungelenken Zügeleinwirkungen und die Reiter können ihre Aufmerksamkeit uneingeschränkt ihrem Sitz widmen!

> Eine Unterrichtsform, die immer wieder versucht, den **Menschen zu erreichen**, ihn zu beteiligen an den Ereignissen rund ums und mit dem Pferd, erzeugt einen Sog. Den Sog zum Pferd, den Sog, immer mehr mit diesen großen und sanften Tieren in Kontakt zu kommen.

In einem Klima der gegenseitigen Akzeptanz kann auch tiefe Begeisterung erwachen. Ich habe über Jahre hinweg Menschen mit meiner Arbeit sowohl therapeutisch als auch pädagogisch begleitet.

Viele Kinder haben in ganz jungen Jahren über das FEBSen den ersten Kontakt zum Pferd gefunden und sind dann jahrelang unserem Betrieb treu geblieben. Ich habe sie durch die Volksschulzeit begleitet, ihre ersten Tränen wegen einer verlorenen Liebe getrocknet (natürlich mit großer Unterstützung meiner Pferde!) und sie bei diversen Problemen beraten. Manche durfte ich sogar zu ihrer Hochzeit und der Taufe ihrer eigenen Kinder begleiten. Es sind lebenslange Freundschaften entstanden. Ein Teil dieser Kinder, heute schon Erwachsene, sind in der Pferdebranche geblieben, haben neue Wege beschritten und sind selber in den Reitlehrberuf eingetreten. Viele Erwachsene, die ich über die ganzheitliche Reitpädagogik für Pferde begeistern konnte, haben heute selber Pferde oder ebenso den wunderschönen Beruf des Reitlehrers ergriffen. Wenn das nicht motivierte Schüler und Schülerinnen sind?

Aus manchen begeisterten Schülern sind motivierte Reitlehrer geworden. Ich selber bin seit 25 Jahren in dieser Branche tätig. Ich habe immer noch Freude an der Arbeit mit Kindern und den Pferden und meine Freude wird von Tag zu Tag größer.

In diesem Sinne kann ich bestätigen – wertschätzender Unterricht, der mehr als nur Reiten vermitteln will, macht Pferde glücklich, begeistert Reitschüler und motiviert Reitlehrer. Die Freude der Reitschüler ist es letztlich, die auf alles abfärbt und die Zeit im Reitstall so wertvoll macht!

Langjährige Freundschaften können entstehen!

Wesentliche Gedanken zur Sicherheit

Bei aller Beschäftigung mit dem Menschen und einem neuen Zugang, Reiten zu unterrichten, dürfen wir aber das Pferd selber nicht vergessen. Wie man Pferde korrekt ausbildet, beschreiben unzählige Bücher. Trotzdem ist es auch im Rahmen dieses Sachbuches wichtig, zumindest kurz über eine pferdegerechte Ausbildung zu informieren. Schafft doch die Ausbildung des Tieres eine wichtige Voraussetzung für die Sicherheit der Reitschüler. Im folgenden Kapitel will ich mich speziell mit Fragen bezüglich der Sicherheit auseinandersetzen. Ich werde darlegen, wie stark vernünftige Pferdeausbildung und die daraus resultierende Sicherheit miteinander zusammenhängen. Ich werde zeigen, welche Mindestvoraussetzungen Pferde haben müssen, um für die ganzheitliche Reitpädagogik geeignet zu sein. Von der Ausbildungsskala des Pferdes ausgehend, gibt es zwischen „sattelfromm" und Turnierreife des Pferdes noch etwas, nämlich das gelassene Schulpferd für den modernen Freizeitreiter. Was dieses Pferd können muss, was es im Speziellen auch fürs FEBSen und die ganzheitliche Reitpädagogik beherrschen muss, werde ich im folgenden Abschnitt verdeutlichen.

Können Pferde „sicher" sein?

Ohne diese Frage sogleich vorschnell beantworten zu wollen, stelle ich die umgekehrte Frage: Wie erkennt man ein unsicheres Pferd? Ist ein unsicheres Pferd gleichzeitig ein gefährliches Pferd? Ist ein sicheres Pferd ungefährlich?

Welche Merkmale zeigt ein so genanntes gefährliches Pferd? Es schlägt vielleicht mit den Hufen aus. Mit ziemlicher Sicherheit wird so ein Pferd auch beißen. Möglicherweise bäumt es sich auf, buckelt wild und geht durch. Nach über dreißigjähriger Erfahrung mit Pferden konnte ich feststellen, dass Pferde, die jenes Verhalten zeigen, immer auch emotional unsicher sind. Pferdeausbildung hat also immer mit emotionalen Zuständen des Lebewesens zu tun.

Das buckelnde Pferd hebt die Reiterin aus dem Sattel

Ausbildung kann und darf nicht rein mechanisch sein und ohne Rücksicht auf das Pferd einhergehen. Die **Ausbildung** muss immer auch **das ganze Pferd** im Blickfeld haben!

Betrachten wir nochmals das buckelnde Pferd. Sollte ich gerade oben-sitzen, achte ich nur darauf, nicht herunterzufallen. Hat es sich beruhigt, stelle ich aber sofort die Frage „Was will mir das Pferd damit sagen?" Hat es Schmerzen? „Erinnert" es sich an eine traumatische Situation und legt einen Schalter um, will es sich regelrecht aus Lust am Wider-stand gegen mich auflehnen (das ist sehr selten und liegt auch fast immer an einer vorherigen unglücklichen Erfahrung mit Menschen), hat es eventuell eine genetische Veranlagung zum Widerstand …?

Fragen, die man sich stellen kann. Letztlich gehe ich aber immer systematisch vor.

Dabei gehe ich folgendermaßen vor:

- Kontrolle der Haltungsbedingungen
- Überprüfen der Gesundheit des Tieres – hat es Schmerzen?
- Aufbau eines umfassenden Vertrauens zum Menschen
- Aufbau des Vertrauens zur Umgebung
- Aufbau von Respekt zum Menschen
- Ausbildung entlang der Skala der klassischen Grundausbil-dung, jedoch mit einer Methodenvielfalt hinsichtlich Ausbil-dung, was die Umsetzung und die Berücksichtigung von auch weniger vorteilhaft gebauten Pferden betrifft.

Mit schützenden Bandagen und Hufglocken ab auf die Weide

Kontrolle der Haltungsbedingungen

Pferde sind Herdentiere. Für das Aufrechter-halten ihres seelischen Gleichgewichts ist der Kontakt zu anderen Pferden zwingend not-wendig.

Pferde sind auch Bewegungstiere. Ausrei-chend freie Bewegung sorgt für Ausgegli-chenheit und die Ernährung der Tiere sollte zum Ausmaß der Bewegung passen.

Überprüfen der Gesundheit des Tieres – hat es Schmerzen?

Pferde können nicht weinen, sie können auch nicht vor Schmerzen schreien. Oft weisen sie auf ihre kritischen Bereiche hin, indem sie sich grantig zeigen. Ein schlecht passender Sattel oder auch ein mangelhaft eingestell-tes Zaumzeug kann zu Widersetzlichkeiten führen.

Aufbau eines umfassenden Vertrauens zum Menschen

Pferde, die vor dem Menschen Angst haben, sind unsicher. Ebenso unsicher sind sie aber auch, wenn sie nicht verstehen, was der Mensch von ihnen will. So sollen wir uns um das Vertrauen des Pferdes bemühen, aber ebenso auch um Klarheit der Kommunikation, was wir von ihm wollen. Lässt sich das Pferd überall angreifen, ohne seinen Unmut zu zeigen, ist ein wesentlicher Schritt für ein vertrauensvolles Miteinander gemacht.

Aufbau des Vertrauens zur Umgebung

Umgebung meint im weitesten Sinne alles, was das Pferd umgibt. Also auch den Einsatz von unterschiedlichen Materialien, die sowohl für das FEBSen als auch für die ganzheitliche Reitpädagogik gebraucht und verwendet werden.

Aufbau von Respekt zum Menschen

Als Herdentiere sind Pferde auf Führung angewiesen. Sie lassen sich prinzipiell nur von ranghöheren Tieren anführen. Das ranghohe Tier genießt sein Vertrauen und schafft damit einen sicheren Rahmen für das einzelne Pferd. Wie viel Respekt ein Pferd vor dem Menschen hat, zeigt sich oft schon in scheinbaren Kleinigkeiten, wie dem Führen eines Pferdes an der Hand.

Gruppenerlebnisse mitten im Wald

Ausbildung entlang der Richtlinien der klassischen Dressur – Methodenvielfalt

Hat das Pferd eine gute Grunderziehung erfahren und ist alt und kräftig genug, kann aus meiner Sicht mit der reiterlichen Ausbildung begonnen werden. Sehr oft wird aber auf diese Grunderziehung vor der reiterlichen Ausbildung verzichtet, zumindest wird sie sehr oft zugunsten schneller Reiterfolge vernachlässigt. Die Umsetzung dieser Richtlinien erfolgt jedoch unter Einbeziehung unterschiedlicher Methoden, also auch die Western- oder Barockreitweise sowie andere Ansätzen setze ich ein, jeweils abgestimmt auf die Pferdepersönlichkeit, mit der ich arbeite! Das Ziel ist aber ein entlang der klassischen Grundsätze ausgebildetes Pferd. Mir ist absolut klar, dass zwischen Vertretern einer Reitweise ebenso wie zwischen Vertretern unterschiedlicher Reitweisen darüber heftige Diskussionen geführt werden. Was ist richtig?

Ich beschränke mich nur auf die Tatsache, dass jedes Pferd, egal in welcher Reitweise es geritten und ausgebildet wird, lernen muss, mit dem Reitergewicht fertig zu werden, um seine ursprüngliche **Balance** wiederzufinden.

Folgende Kriterien sind für alle Reitweisen zutreffend:

- zwanglose Bereitschaft des Pferdes mitzuarbeiten
- Erreichen einer Dehnungshaltung
- Geschmeidigkeit durch Biegearbeit
- und letztlich ein gewisser Grad an „Versammlung"

Gute Manieren sind gefragt

Es wundert mich immer wieder, dass es für manche Pferdebesitzer überhaupt kein Problem darstellt, wenn ihre Pferde keine Manieren haben! Nicht selten sieht man Pferde an der Hand ihrer Besitzer drängeln und zappeln. Manchmal scheint mir, als ob dieses Benehmen gar nicht mehr hinterfragt, sondern davon ausgegangen wird, dass es eben nun einmal zum üblichen Verhalten eines Fluchttieres gehört.

Wenn aber mit unerzogenen Pferden Kinder und Anfängerreitunterricht angeboten wird, ist das für mich sehr bedenklich. Das Fluchttier „Pferd" birgt immer ein gewisses Gefahrenpotential in sich. Bei einem unerzogenen Pferd potentiert sich diese Gefahr um ein Vielfaches!

Grundsätzlich sollte von einer Seite geputzt werden – wenn's trotzdem mal anders gemacht wird, zeigt sich, wie wichtig ein Pferd ist, das still stehen kann!

In diversen Lehrbüchern alter Meister wird immer wieder darauf hingewiesen, dass sich eine korrekte Ausbildung nach klassischem Grundprinzip auf die Gesamtpersönlichkeit des Pferdes auswirkt. Möglicherweise war zu damaliger Zeit gutes Benehmen so selbstverständlich, dass man dieses einer klassischen Ausbildung gar nicht ausdrücklich vorangestellt hat. Wie könnte sonst die klassische Reitlehre mit dem „Takt" beginnen? So gesehen bekommt der Takt eine zusätzliche Dimension – das taktvolle Pferd!

Das gute Benehmen resultiert aus dem ausgewogenen Verhältnis von Vertrauen und Respekt zum Menschen.

Taktlosigkeit zeugt von schlechtem Benehmen.

Es zeigt sich beim Pferd in folgenden fünf Punkten:

- still stehen
- sich überall berühren lassen
- sich führen lassen
- sich jederzeit beim Führen anhalten lassen

Beispiel – Wie benimmt sich ein unerzogenes Pferd? Wie ein gut erzogenes?

Frau A. putzt ihr Pferd. Es steht dabei nicht still. Am Bauch, besonders bei den Flanken, ist das Pferd sehr kitzlig. Frau A. will das Pferd nicht ärgern und putzt dort einfach nicht weiter. Gezäumt und gesattelt führt sie das Pferd zum nahen Reitplatz. Das Pferd fällt mal zurück, drängt mal zur Seite und versucht auch, Frau A. zu überholen.

Frau A. trifft auf dem Weg dorthin Frau B. Beide beginnen ein Gespräch. Das Pferd steht nicht still. Es zappelt bald hierhin und mal dorthin. Frau A. zupft immer wieder an den Zügeln und schimpft ziemlich erfolglos mit ihrem Pferd. Das Gespräch ist beendet.

Um die Zeit wieder einzuholen, trabt Frau A. mit dem Pferd an der Hand zum Platz. Beim Anhalten muss sie heftig an den Zügeln zerren, damit ihr Pferd stehenbleibt. Nach dem Aufsteigen beginnt sie ihre Reitstunde. Das Pferd geht relativ schnell gelöst und entspannt.

Hätte Frau A.s Pferd neben seiner korrekten Reitausbildung auch eine Benimm-Schule besucht, quasi den „Elmayer für Pferde", würde das so ausschauen:

Der „Elmayer für Pferde"

Frau A. putzt ihr Pferd. Es steht dabei still. Gezäumt und gesattelt führt sie das Pferd zum nahen Reitplatz. Das Pferd folgt willig an der rechten Seite der Reiterin und bleibt respektvoll leicht hinter ihrer Schulter.

Frau A. trifft auf dem Weg dorthin Frau B. Beide beginnen ein Gespräch. Das Pferd wartet geduldig. Das Gespräch ist beendet.

Um die Zeit wieder einzuholen, trabt Frau A. mit dem Pferd an der Hand zum Platz. Sie hält das Pferd an um aufzusteigen. Das Pferd bleibt sofort aus dem Trab willig stehen. Beim Reiten geht das Pferd gelöst und entspannt.

Ausbildung verhindert Einbildung

Eine vertrauensvolle Beziehung zum Pferd aufzubauen, hat sicher Sinn. Wenn das Vertrauen aber jeder Vernunft weicht, weil der Reiter davon ausgeht, dass das liebe Tier „spürt", was er von ihm möchte, wird die Beziehung zum Pferd bedenklich.

Vertrauen ist gut – Wissen und Können sind besser!

> Ich kann nur nochmals darauf hinweisen, dass – bei aller Liebe – das Pferd seiner Natur nach ein **Fluchttier** ist. Mag es noch so feinfühlig sein, so wird es bei entsprechend aufregender Irritation die **Flucht nach vorne** antreten.

Leider erlebe ich es immer wieder, dass Pferde und Ponys *keinerlei* Grundausbildung haben. Mitunter sind das sogar Pferde und Ponys, mit denen Unterricht mit Kindern und/oder erwachsenen Anfängern durchgeführt wird! Das einzige, was diese Tiere je gelernt haben, ist die reine Verständigung über den Zügel. Je fester man daran zieht, umso eher hat man den gewünschten Erfolg. Ich werde nie verstehen können, wie Menschen, die solche Pferde reiten müssen, sich auch nur annähernd dabei wohlfühlen können, von der fehlenden Sicherheit ganz zu schweigen.

Sicherheit – genau das ist der Knackpunkt! Viele Reiter sind sich der permanenten Gefahr, als einziges Hilfsmittel nur den Zügel zu haben, gar nicht bewusst, da man sich gerne der Illusion hingibt, mit dem eigenen geliebten Pferd eine tiefe seelische Verbundenheit zu haben! Daher an dieser Stelle ein paar Worte zur Grundausbildung von Pferden.

Eine gute Ausbildung des Pferdes schafft Sicherheit.

Es gibt viele verschiedene Reitweisen und damit verbundene Unterschiede in den Methoden der Ausbildung. Der interessierte Leser findet unzählige tolle Bücher, die sich eingehend und viel umfangreicher mit diesem Thema auseinandersetzen, als ich es vermag. Auch die strittigen Diskussionen über „richtig und falsch" finden in vielen Büchern ihren Niederschlag.

Mein reiterliches Verständnis bildet die sechsstufige Skala der Grundausbildung von Reitpferden.

Dieses Pferd hat die Grundausbildung bereits hinter sich – als Dressurpferd wird es weiter gefördert.

Diese beschreibt folgende Ausbildungsschwerpunkte:

- Takt
- Losgelassenheit
- Anlehnung
- Schwung
- Geraderichtung
- Versammlung

Jene Fähigkeiten des Reitpferdes werden weniger als abgeschlossene, denn als ineinandergreifende, einander bedingende Faktoren verstanden.

Erwähnenswert finde ich, dass ein derart ausgebildetes Pferd als Pferd der Klasse A bezeichnet wird. Erst nach dieser Grundlagenvermittlung soll das jeweilige Pferd seiner Bestimmung zugeführt werden, sei es, weiter in der Dressur ausgebildet zu werden, zum Springpferd zu avancieren oder z. B. zum Ausreiten zu dienen.

In dieser Grundlagenausbildung lernt das Pferd primär, sich mit dem ungewohnten Reitergewicht zu arrangieren. Das vom Reiter gestörte Gleichgewicht soll neu gefunden werden. Das Pferd soll lernen, sich auszubalancieren und die unterschiedlichen reiterlichen Hilfen verstehen und befolgen lernen, um später seiner besonderen Eignung nachkommen zu können.

Die **Gesunderhaltung** des Pferdes sowie die **Sicherheit** für den Reiter stehen dabei im Zentrum der Grundausbildung. Derart gerittene Pferde haben gelernt, auf die reiterlichen Hilfen zu reagieren.

Sie horchen auf Gewicht und Schenkel, lassen sich über den Sitz reiten und vorwärts treiben. Sie reagieren fein auf die Hilfen und benötigen den Zügel nur mehr zur Feinabstimmung. Selbstverständlich können Pferde, die in einer anderen Reitweise ausgebildet werden, ebenso sichere Reittiere sein. Wesentlich ist, dass sie gelernt haben, auf den Sitz, also auf die Hilfen des Reiters, zu reagieren. Solche Pferde sind in jedem Falle sicherer, als jene, die sich nur über Zügeleinwirkung reiten lassen. Angesichts dieser Tatsache wundert es mich, warum 3- bis 4-jährige Pferde, die in korrekter Anlehnung gehen, also die Nasenlinie vor der Senkrechten haben, im Bewertungsprotokoll eines Turnieres leider immer öfter als „noch nicht sicher in der Anlehnung" beschrieben werden. Pferde, die mit der so genannten „Rollkur" (oder Hyperflexion) geritten werden, bekommen leider viel zu oft ein wohlwollendes Nicken der geachteten und mitunter gefürchteten Richter. Dass jene „Rollkur"-Pferde von einer korrekten Grundausbildung meilenweit entfernt sind, interessiert offensichtlich manchen Richter nicht so recht.

Sliding Stop beim Western Reiten

Wesentlich ist aber, dass nur ein grundausgebildetes Pferd als Schulpferd geeignet ist. Die Bezeichnung „Schulpferd" erhielt in früherer Zeit nur ein Tier, das bis zur Hohen Schule ausgebildet war! Was bekommen Reitschüler dagegen heute unter den Allerwertesten?

Ja, die Zeiten haben sich verändert und, ich gebe zu, für die Alltagskompetenz der Reiterei braucht man kein Schulpferd nach alter Überlieferung. Was braucht man aber dann, damit Reitunterricht sinnvoll und sicher ablaufen kann? Muss das Pferd viele Lektionen können? Muss es, je nach Reitweise, z. B. einen „Sliding Stop" können oder einen Mitteltrab?

Wer nun glaubt, dass meine Pferde, die ihre Dienste im Therapiebereich und Reitunterricht nach dem vorliegenden Inhalt des Buches im Sinne einer ganzheitlichen Reitpädagogik leisten, allesamt perfekt ausgebildet sind, der irrt.

> Meine Pferde haben ihre Macken und Grenzen. Sie sind absolut nicht perfekt! Unser gemeinsamer Ausbildungsweg bewegt sich entlang den **Vorgaben einer sinnvollen Pferdeausbildung** mit allen sich daraus ergebenden Schwierigkeiten, bedingt durch Zeitmangel und körperliche Einschränkungen der Pferde.

Denn wie soll sich beispielsweise mein Vollblutaraber mit kurzem Oberschenkelhalsknochen in den Hanken beugen, also zu einer Versammlung kommen? Der Weg ist das Ziel! Ich freue mich, wenn er sich bemüht, meinen Forderungen nachzukommen, er beispielweise im Übergang zum Schritt sein Gewicht mehr auf die Hinterbeine nehmen und dabei losgelassen bleiben kann. Eine Versammlung nach Klasse L wird er wohl nie zeigen können, doch nie käme ich deshalb auf den Gedanken, ein charakterlich so tolles Pferd auszutauschen, nur weil seine Reiteigenschaften zu wünschen übrig lassen! Wenn ich sage „entlang" der Skala der Ausbildung, meine ich aber unbedingt, dass Gelassenheit, Takt und Losgelassenheit in jedem Fall bei allen anderen Übungen und Trainingseinheiten im Vordergrund stehen sollen. Das soll heißen, ich

Im Mitteltrab über die Diagonale

verzichte z. B. bei einem Haflinger mit enger Ganasche lieber auf die Beizäumung und lasse ihn frei gehen, als dass er mit gequetschter Ohrspeicheldrüse und verdrehten Augen für den bewunderten Laien in toller Haltung geht. Das soll genauso bedeuten, dass ich entlang der Ausbildungsrichtlinien mich immer für die Losgelassenheit entscheide, als dass ich mit allen Mitteln eine Lektion antrainieren möchte.

> Die Lektion als Weg zum Ziel, auch wenn's weniger toll ausschaut für den Zuschauer. In diesem Sinne erfülle ich immer wieder gerne die Forderungen der Reitkunst nach **Leichtigkeit und Freiwilligkeit des Pferdes.**

Im nächsten Kapitel zeige ich, was aus meiner Sicht ein unumgängliches Ausbildungsniveau von Schulpferden für den Alltagsgebrauch sein muss. Festhalten will ich, dass eine Grundausbildung zum Schutz des Pferdes und des Menschen ein absolutes Muss darstellt!

Vorwärts zu Takt und Losgelassenheit

Jedes Lehrpferd sollte eine gewisse Grundausbildung haben.

Takt und Losgelassenheit sind die ersten zwei Grundpfeiler der Ausbildungsskala der klassischen Dressur. Sie sind die Mindestvoraussetzungen für jedes Pferd und Pony. Warum sind sie aber so wichtig?

Die Definition von „Takt" nach FN-Richtlinien:

> Takt ist das räumliche und zeitliche Gleichmaß. Das heißt, jeder Schritt des Pferdes ist gleich groß und dauert gleich lang. Genauer gesagt, jedes Bein legt bei einem Schritt die gleiche Strecke zurück und wird dabei nicht zögernd oder übereilt aufgesetzt ...

Wer kennt das nicht, dass Pferde beim Ausritt gerne in Richtung Stall drängeln, während sie sich vom Stall weg langsam dahinschleppen? Wie unangenehm ist es weiters, wenn Pferde am Reitplatz auf einer Seite zu laufen beginnen, sich auf der anderen aber bitten lassen? Der Takt ist also allein schon für das Erlernen des Reitgefühls wichtig. Wie sollte der Reiter sonst sein Gleichgewicht finden, wenn nicht auf einem gleichmäßig gehenden Pferd?

Nicht zu vergessen ist jedoch das Wörtchen „vorwärts". Ein ewig gleichmäßig dahin schleichendes Pferd ist nicht das Ziel. Es soll, unter Berücksichtigung der Anpassungsfähigkeit des Reiters, gleichmäßig, also taktgemäß, frisch vorwärts gehen.

Unter dem Begriff der „Losgelassenheit" ist laut FN zu lesen:

> ... unter losgelassen bezeichnet man ein Pferd, wenn es körperlich und seelisch entspannt und freudig mitarbeitet ...

Die Bereitschaft zum Vorwärts-abwärts ist ein Zeichen für Gelassenheit.

Losgelassenheit bedeutet damit auch ein gelassenes Pferd! Sie zeigt sich jedenfalls nicht in einem von diversen Hilfszügeln und von ziehenden Händen zusammengeschnürten Pferd. Viel mehr beschreibt es einen Zustand der wachen Aufmerksamkeit, gepaart mit einem optimalen Vertrauensvorschuss in den Menschen. Optisch kann dieser Zustand an der so genannten Dehnungshaltung des Pferdes erkannt

Das Pferd geht in Dehnungshaltung. Die Maulspalte ist auf Höhe des Buggelenkes, der Hals ist lang, der Rücken aufgewölbt und der Schweif pendelt ruhig.

werden. Andere Kriterien, wie das Schnauben oder ein ruhig pendelnder Schweif, sind zusätzliche Indikatoren für ein gelassen gehendes Pferd. Zu unterscheiden ist hierbei der Zustand der Zwanglosigkeit im Unterschied zur Losgelassenheit. Zwanglos kann ein Pferd bald gehen, mit losen Zügeln, lässig durch die Gegend schaukelnd! In der Losgelassenheit dagegen dehnt das Pferd seine Rücken-, Hals- und Nackenmuskulatur vorwärts-abwärts. Dadurch entsteht eine tragfähige Rückenwirbelbrücke (Skizze), mit deren Hilfe das Pferd in der Lage ist, das Reitergewicht zu tragen, ohne einen gesundheitlichen Schaden an seiner Wirbelsäule oder seinen Sehnen zu nehmen.

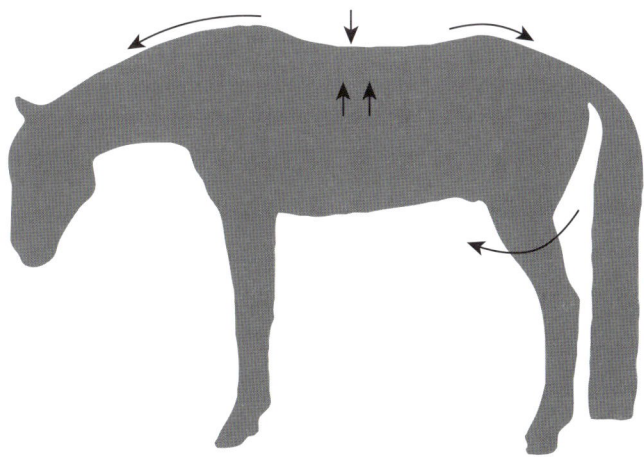

Die logische Folge eines losgelassenen Pferdes ist die daraus resultierende Anlehnung, die bei einem Pferd der Klasse A relativ gering sein
soll, weil es die muskulären Voraussetzungen für seine dressurmäßige
Aufrichtung und Hankenbeugung noch nicht hat (vorausgesetzt, es
wäre körperlich überhaupt dazu in der Lage!).

> Dazu braucht es aber nicht nur ein korrekt gerittenes Pferd, son-
> dern auch die Fähigkeit des Reiters, über einen **entspannten,**
> seinerseits **losgelassenen Sitz** mit weitgehend unabhängiger
> Hand das Pferd an den Zügel zu reiten.

Nicht zu vergessen, dass auch das Western gerittene Pferd in einer für
das Westernreiten geeigneten Anlehnung geht!

Zurück zum Anfängerreitunterricht. Welche Anforderungen, welche
Voraussetzungen muss das Pferd mitbringen, damit Menschen im Rahmen ihrer Freizeitaktivität „Reiten" zu einem möglichst entspannten,
losgelassenen, sprich korrekten Sitz kommen? Klar, ein Berufsreiter
von der klassischen Hofreitschule in Wien hat mit ziemlicher Sicherheit
nach dreijähriger Sitzlongenarbeit einen korrekten Sitz! Wie kann Ot-
tonormalverbraucher zumindest einen losgelassenen Sitz erlernen,
ohne jahrelangen Longenunterricht nehmen zu müssen?

Was müssen Schulpferde heutiger Gattung können, damit sie ihre
Schüler für das Erlernen eines Balancesitzes unterstützen können?
Was müssen sie können, damit sie auch für den ungeübten Freizeit-
reiter genügend Sicherheit bieten?

Kann es eine ergänzende Ausbildungsskala für Freizeitpferde
geben? Wie könnte die ausschauen?

Ergänzende Ausbildungsskala für Freizeitpferde

Benimmregeln für das höfliche Pferd

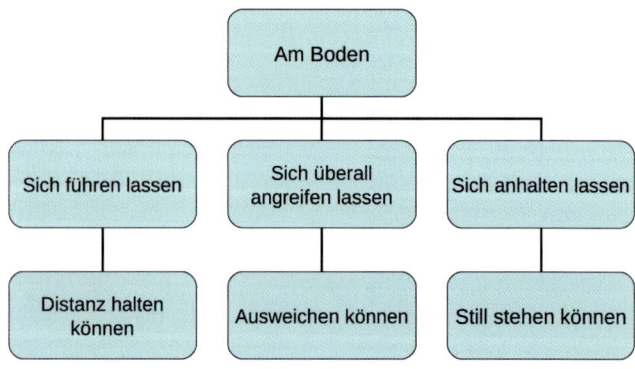

Beherrscht das Pferd oder Pony jene Grundregeln des zwischenmenschlichen Zusammenseins kann von einem „erzogenen" Pferd gesprochen werden. Selbstverständlich müssen jene Verhaltensregeln
dem Tier erst beigebracht werden. In Österreich und Deutschland werden seit einigen Jahren auch „Gelassenheitsprüfungen" für Pferde angeboten, bei denen die Pferde sowohl beim Führen als auch beim Reiten ihre Gelassenheit in ungewöhnlichen Momenten oder
Schrecksituationen beweisen müssen.

Es gibt unter anderem auch viele pferdegerechte Methoden, die
einen Weg dorthin, quasi als Erziehungshilfe, aufzeigen. Als Beispiele
seien hier die Ausbildungsmethoden von Linda Tellington-Jones und
Pat Parelli erwähnt.

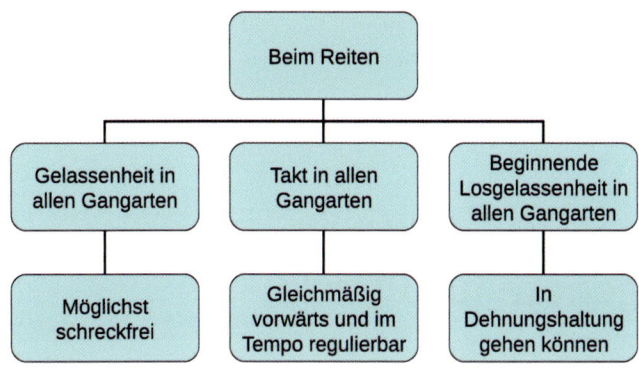

Benimmregeln für das komfortable Pferd

Ein Pferd, welches als Grundvoraussetzung zum Reiten Gelassenheit
zeigt, ist weitgehend sicher für den reitenden Menschen. Es hat also
ein möglichst großes Vertrauen zum Menschen aufgebaut, ist daher
fast schreckfrei. Es geht taktmäßig vorwärts, lässt sich idealerweise
auch noch im Tempo regeln und geht in die Dehnungshaltung, zeigt
also die Losgelassenheit im Anfangsstadium.

> Es ermöglicht das **Erlernen eines geschmeidigen Sitzes** und
> erleidet durch den Aufbau seines gut bemuskelten Rückens keine
> gesundheitlichen Schäden, die durch das Tragen des Reiterge-
> wichtes entstehen können.

Ausbildungsmethoden, die nicht ihre Priorität im am Zügel gehenden
Pferd sehen, helfen beim Erreichen dieser Ziele. Ebenso können Trai-

ner und Trainerinnen, die nicht das „Pauken", sondern das Entwickeln von Lektionen unterstützen wollen, hilfreiche Tipps geben.

Jede Pferdeausbildung
braucht Zeit!

Was man unter einem „Schulpferd" vergangener Zeiten verstanden hat, habe ich bereits an anderer Stelle erwähnt. Die hier aufgezeigten Skalen stellen das erzogene Schulpferd moderner Zeit dar. Denn nicht die Hohe Schule soll mit diesem Pferd erlernt werden, sondern ein sicherer und entspannter Sitz! Aus diesem Sitz heraus kann in weiterer Folge jede Reitdisziplin erlernt werden. Ob Dressur, Springen, Westernreiten oder Reiten in der Natur – die Grundlagen sind gelegt, dass Reiten für Mensch und Pferd gleichermaßen gesund sein kann.

Selbstverständlich ist es erfreulich, wenn den talentierten fortgeschrittenen Reiterschülern ein weiter ausgebildetes Pferd zur Verfügung steht. Bessere und höhere Ausbildung ist immer wünschenswert!

Es darf dabei aber nicht vergessen werden, dass jede Ausbildung Zeit kostet und braucht. Bei einem Schulpferd moderner Ausprägung ziehe ich Gelassenheit und gefällige Gänge einer unechten, weil durch schnelle Ausbildung erzwungenen Beizäumung vor. Ich halte es im Reitunterricht selber auch für weitaus sinnvoller, andere interessante Angebote zu machen, als Schülern Schlaufzügel in die Hand zu drücken und den damit geformten Pferden Lektionen abzuverlangen.

Ausgleich und Unterstützungs-angebote für Pferde

Von Zeit zu Zeit wird es notwendig sein, Schulpferde mit unterschiedlichen Maßnahmen zu unterstützen. Jedes Missverständnis zwischen Pferd und Reiter führt in gewisser Weise zur Verunsicherung und möglicherweise auch zu Verspannungen beim Pferd. Das Schlimmste ist eine Kombination von steifem und daher unruhigem Sitz und einer starren, sich am Zügel festhaltenden Hand. Wobei Pferde, die sich dieser falschen Einwirkung ein wenig entziehen können, sicher das bessere Los gezogen haben, als jene, die mit zusammengeschraubten Hälsen ihre Spuren in der Reitbahn ziehen müssen. Derart gerittene Pferde legen sich einen regelrechten Panzer zu. Wer jemals ein stocksteifes und abgestumpftes Schulpferd geritten hat, weiß, wovon ich spreche.

Unsachgemäße
Zügeleinwirkung und
ein unkoordinierter Sitz
führen zu einem
verspannten Pferd.

FEBS-Pferde oder jene, die in der ganzheitlichen Reitpädagogik eingesetzt werden, können ihren Ausbildungsstand grundsätzlich erhalten, weil der **Einsatz des Zügels** durch noch ungeübte Reiter weitgehend **vermieden** wird.

Trotzdem brauchen auch sie immer wieder Anregungen. Es ist wichtig, dass sie mitmachen und selber Anteil an dem nehmen, was in den Reitstunden passiert. Damit sie interessiert bleiben und ihre Muskelkraft erhalten können, brauchen sie unterschiedliche Angebote neben dem Unterricht.

Autsch!

Pferde brauchen Ausgleich von der täglichen Arbeit durch:

- frisches Vorwärtsreiten in der Natur oder auch am Reitplatz
- ausgedehnte Schrittritte in anregender Umgebung
- geistig anregende und körperlich förderliche Dressuraufgaben durch erfahrene Reiter
- Freies Laufenlassen (speziell ältere Pferde brauchen manchmal stärkere Impulse von außen, um sich frei und frisch zu bewegen. Sie stehen gerne herum und warten auf ihr Futter.)
- Ab und an Urlaub von den täglichen Pflichten, eventuell durch einen Aufenthalt auf einer Alm
- Und alles, was der Pferdepsyche sonst noch guttun kann!

In der freien Natur buckeln zu dürfen, schafft einen seelischen und körperlichen Ausgleich.

> ### Achtung!
>
> **In jedem Falle ist das Pferd vorher aufzuwärmen! Ein Kalt-start führt zu Verletzungen und Spätschäden. Außerdem darf das Vorwärtslaufen auch kein wildes Herumjagen werden!**

Selbstverständlich ist auch die entsprechende artgerechte Haltung zu berücksichtigen, die einen seelischen und körperlichen Ausgleich schafft.

Wie bei uns Menschen hinterlässt auch das Alter bei Pferden seine Spuren. Manche Pferde haben chronische und auch unheilbare Leiden entwickelt, auf die vom Reiter Rücksicht zu nehmen ist.

Pferde genießen ebenso wie wir Menschen Massagen und alternative Verfahren zur Vorbeugung unterschiedlicher Beschwerden.

Unerwünschtes Verhalten kann positiv „überschrieben" werden.

Sehr gerne wende ich Techniken aus der TTeam-Methode von Linda Tellington-Jones an. Viele Schwierigkeiten und daraus resultierende Verhaltenseigenheiten des Pferdes lassen sich dadurch beseitigen. Ich hatte beispielsweise ein Pony, das in bestimmten Situationen gerne zwickte. Es war es aus früheren Besitzverhältnissen gewohnt, jedes Mal dafür einen Schlag auf den Kopf zu bekommen. Ich versuchte, das Verhalten des Ponys zu verstehen, und erkannte, dass es mitteilen wollte, dass ihm das Zugurten unangenehm war. Ich selbst bin immer sanft beim Gurten, aber das Pony war offensichtlich immer in Erwartung eines Schmerzes! Mit Massagegriffen aus der eben erwähnten Methode konnte ich sein Vertrauen gewinnen und das alte negative Verhalten mit neuen und positiven Erfahrungen überschreiben.

Speziell unter dem Aspekt der Sicherheit ist eine aufmerksame Beobachtung des Pferdes notwendig.

> **Nur ein Pferd, das sich wohlfühlt, erbringt zuverlässige Leistungen!**

Pferdeverständnis schafft Sicherheit

Ziel ist Sicherheit für Mensch und Pferd!

Wahrscheinlich fällt es spätestens jetzt auf, dass mir das Thema Sicherheit ein besonderes Anliegen ist. Unfälle passieren leider immer wieder und können auch nicht immer völlig ausgeschlossen werden. Es könnten jedoch wesentlich weniger Unfälle verzeichnet werden, wenn sich das Wissen über die Natur des Pferdes in der Handhabung mit diesen Tieren niederschlagen würde.

Ich kann es zum Beispiel immer noch nicht begreifen, warum Pferdeleute trotz besseren Wissens die Stricke, mit denen sie ihre Pferde führen, um die Hand wickeln, statt sie in einer Schlaufe in die Hand zu nehmen. Oder warum Türen nur wenig statt zur Gänze geöffnet werden, wenn Pferde durchgeführt werden. Begreifen kann ich auch nicht, warum es Pferdebesitzern Freude macht, unausgelastete Pferde zu reiten bzw. ein wöchentliches Rodeo mitzuerleben, anstatt das Tier vor dem Reiten abzulongieren.

Ich will an dieser Stelle auf die Verhaltensbiologie des Pferdes kurz eingehen, um ein besseres Verständnis für den Partner Pferd zu schaffen.

Pferde sind **Pflanzenfresser.**

Das ist durchaus ein Vorteil, denn in Anbetracht ihrer Größe ist es mir persönlich lieber, dass die Hauptmahlzeit nicht aus Fleisch besteht! Pferde sind in freier Wildbahn etwa 16 Stunden pro Tag mit Fressen beschäftigt. Da sie einen kleinen Magen haben, muss dieser immer kontinuierlich mit kleinen Mengen Futter versorgt werden, so dass es für Pferde wesentlich verträglicher ist, öfters kleine als wenige große Mahlzeiten zu bekommen. Ein Pferd bewegt sich normalerweise fressend langsam vorwärts. Ideal ist es, wenn Pferde zu jeder Zeit Heu fressen könnten.

Frischer Galopp auf der Weide

Pferde sind **Bewegungs- und Lauftiere.** Sie brauchen ausreichend Bewegung, um im seelischen Gleichgewicht zu sein.

Der Schritt ist die Gangart, die das Tagesgeschehen des Pferdes prägt, während Trab und Galopp nur in kurzen Phasen verwendet werden.

Als **Herdentiere** brauchen sie direkten Kontakt zu anderen Pferden fast so notwendig wie ihr tägliches Futter oder die Luft zum Atmen.

Das soziale Gefüge gibt ihnen Sicherheit und die Möglichkeit zur Konfrontation mit anderen Herdenmitgliedern. Über die Konfrontation können sie ihre Stellung innerhalb der Herde definieren, was wiederum Klarheit und Sicherheit schafft. Aus der Rangordnung heraus entwickeln Pferde ihre Form der Identität.

Den Kollegen über Gitterstäbe zu sehen, ist besser, als gar niemanden zu haben. Die Möglichkeit zur sozialen Interaktion ist jedoch für eine positive Entwicklung des Pferdes unerlässlich. Die Haltungsformen, die das ermöglichen, Offenstall oder Weidehaltung, müssen trotzdem von Fall zu Fall hinterfragt werden. Denn eine Hauptschwierigkeit besteht meistens im geringen Platzangebot. Ein Offenstall ist grundsätzlich eine artgerechte Form der Pferdehaltung, kann aber mangels entsprechender Größe auch ungeeignet sein, weil er beim täglichen Kampf ums Futter Pferde in Stress versetzt. Wenn Rangdifferenzen mangels Ausweichmöglichkeiten ungeklärt bleiben, kann dieser Zustand mitunter für einzelne Pferde belastender sein, als in einer Box mit dem Pferdenachbarn in sicherem Abstand zu sein.

> Pferde sind aber vor allem **Fluchttiere.** Vermuten sie Gefahr, entscheiden sie sich nach anfänglichem Verharren meistens zur Flucht.

Dieses Flüchten läuft immer nach dem gleichen Prinzip ab: Das Pferd hört oder sieht etwas Verdächtiges, stutzt kurz, verweigert sich und stürmt entweder im nächsten Augenblick davon oder lässt sich doch noch von seinem Reiter davon überzeugen, dass es vernünftiger ist, ruhig zu bleiben.

Ein hervorragendes Buch für ein weiteres Studium dieser Thematik ist das Buch von Wilhelm Blendinger (siehe Literaturliste).

Für ein erstes Verständnis der Pferdepsyche sollen aber die angeführten Punkte im Rahmen dieses Sachbuches ausreichen.

Welche Schlüsse können nun daraus gezogen werden? Verhaltensweisen im Umgang mit dem Pferd sollen seiner Natur Rechnung tragen. Werden seine biologischen Besonderheiten berücksichtigt, lassen sich viele Unfälle vermeiden und viele Missverständnisse kommen gar nicht auf. Es ist doch zum Beispiel kein Wunder, wenn ein Pferd, das die ganze Woche in seiner Box stehen muss, am Wochenende beim Besuch seines Besitzers auszuckt. Das führt mitunter aus der Angst des Reiters dazu, dass die arme Kreatur bereits mit Hilfszügeln ausgebunden aus der Box geführt wird. Logisch, dass Menschen bestrebt sind, sich zu schützen. Aber gerade Pferde brauchen Freiheit statt Zwang, um sich wohlzufühlen.

Zuviel Freiheit für die Pferdeführerin – nicht so, sondern …

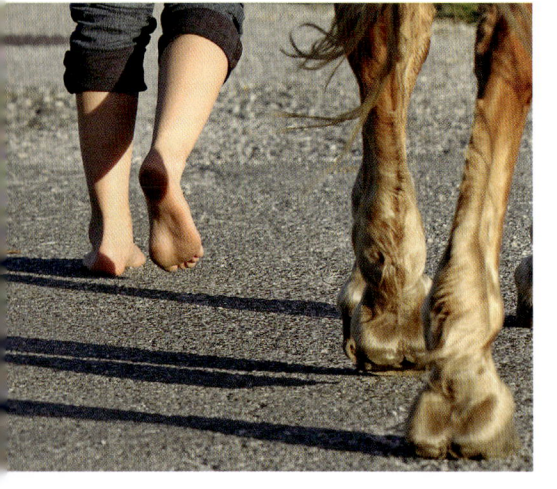

> Viele Verhaltensprobleme des Pferdes lassen sich deshalb allein durch das **Verändern ihrer Haltungsbedingungen** lösen. Oft ist es nur eine kleine Änderung im Umfeld und das angefallene Problem ist beseitigt!

Prinzipiell ist jede Beschäftigung mit der Psyche des Pferdes lohnenswert. Erziehung, Ausbildung und Haltungsfragen können auf der Basis einer durchdachten Verhaltensbiologie des Pferdes zeitsparend und effizient durchgeführt werden.

Qualität zahlt sich aus – eine Materialkunde und ...

Jede Landwirtschaft mit Schwerpunkt Pferd weiß, dass in dem Moment, wo „Pferd" draufsteht, alles mindestens um ein Drittel teurer ist. Sogar viele Tierärzte machen im Unterschied zur Behandlung von Rindern bei der Pferdebehandlung einen Aufschlag. Möglicherweise liegt das daran, dass angenommen wird, Pferde würden ohnehin nur von der budgetstarken Bevölkerungsschicht genützt werden.

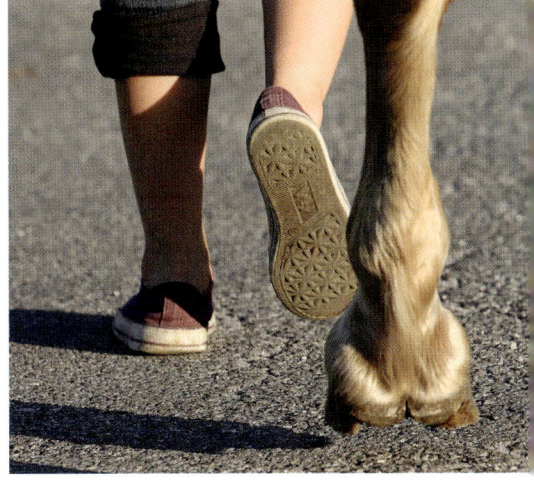

... so – lieber Schuhe statt barfuß!

Wie auch immer – Pferdehaltung ist kostspielig. Kein Wunder, dass gespart wird, wo es möglich ist oder möglich erscheint.

Ein oft eklatanter Unterschied kann zwischen dem privilegierten Privatpferd und dem Schulpferd bestehen. Hat das eine den besten Sattel, teilen sich oft zig Schulpferde in einem anderen Stall einen, ob er nun passt oder nicht. Manche Pferdebetriebe haben nicht einmal für jedes Schulpferd ein Zaumzeug. Ohne spezielle Anpassung wandert es dann von einem Kopf zum nächsten. Dem einen Pferd ist es zu groß, den anderen zwickt die Trense, egal – der Kunde will möglichst wenig zahlen für das Reiten, also muss man irgendwo die Kosten einsparen. Die Branche ist hart und wer als Betrieb am Markt bestehen will, ist gezwungen, streng zu kalkulieren.

Trotzdem zahlt sich die Anschaffung von **qualitativ hochwertigen Materialien** aus.

Lederpflege im Team

Man darf auch nicht vergessen, dass bei Unfällen jede Versicherung überprüft, ob das verwendete Material den Sicherheitsanforderungen entsprochen hat. Es gibt zwar meines Wissens keine schriftlichen Standards darüber, dass aber ein brüchiger, gerissener Lederzügel das *Corpus delicti* eines Versicherungsstreites sein kann, liegt auf der Hand.

Ich habe beispielsweise vor 23 Jahren ein wirklich teures Zaumzeug gekauft, das Leder ist heute noch immer geschmeidig und braucht verhältnismäßig wenig Pflege. Billigprodukte könnten zweimal pro Woche geputzt und gefettet werden und bleiben trotzdem spröde und damit potentiell weniger sicher, weil sie leichter reißen können. Sicher gibt es aber auch immer wieder Schnäppchen, wo das Preis- Leistungsverhältnis toll ist!

Oft wird auch bei anscheinenden Nebensächlichkeiten gespart. Zum Führen auf die Weide braucht man ja gar kein tolles Material, wird leider auch des Öfteren angenommen. Ok, der 5-fach verknotete Ochsenstrick muss auch reichen. Das kann sein. 100 Mal hat es gepasst und ist gut gegangen, aber beim 101. Mal schreckt sich das Pferd, eine Knüpfstelle geht auf, das Pferd rennt womöglich auf eine viel befahrene Straße und verursacht einen Unfall. Ja, das kann passieren – prinzipiell auch mit einem hochwertigen Strick. Dennoch ist die Wahrscheinlichkeit, dass ein intakter Strick aus einem haltbaren Material sicher weniger leicht reißt als der 5-fach verknotete Ochsenstrick. Ich bin sicher, dass sich der Sachverständige freut, wenn er den mangelhaften Strick zur Leistungsminderung heranziehen kann.

Ähnliches geht mir durch den Kopf, wenn ich mitunter bei der Erteilung von Longenunterricht zuschaue. Zerfranste Longen mit Knöpfen an einem Ende, am anderen Ende der Reitschüler in vertrauensvoller Andacht dem Lehrenden lauschend …

> Der Spruch **„Wer billig kauft, kauft teuer!"** bewahrheitet sich auch immer wieder beim Thema Pferd.

Die Anschaffung diverser Materialien erfordert Pferde- und Branchenverständnis. Vieles, was der Markt anbietet, ist überflüssig, manches, was in Pferdebetrieben zur Verfügung steht, zu wenig und mangelhaft. Ich empfehle, die verwendeten Materialien regelmäßig auf Sicherheit und Zustand zu überprüfen und bei Neuanschaffungen lieber etwas mehr Geld auszugeben, wenn dann die Qualität stimmt.

Materialien müssen regelmäßig überprüft werden.

… Frage nach der Methode

Auch bei der Wahl der Methode für das Erteilen von Unterrichtseinheiten ist die Entscheidung zur Qualität auf Dauer zielführender.

Zum Beispiel müsste der Longenunterricht unter Berücksichtigung notwendiger Sicherheitsaspekte immer ein Einzelunterricht sein. Bei dem immer größer werdenden wirtschaftlichen Druck auf Pferdebetriebe, die große Investitionen wie z. B. eine Reithalle getätigt haben, wundert es nicht, dass mitunter 3–4 oder noch mehr Schüler gleichzeitig an die

Longenunterricht muss Einzelunterricht sein!

Longe genommen werden. Irgendwie muss der Betrieb ja zu den notwendigen Umsätzen kommen! Auch wenn man einen Pakt mit dem Teufel dabei schließt – denn, haftungstechnisch gesehen, ist das gleichzeitige Longieren mehrerer Pferde mit Reitern darauf einfach unverantwortlich. Genauso fragwürdig ist es, die Umsätze über ertragreiche Ausritte zu erhöhen, ungeachtet der reiterlichen Fähigkeiten der Kunden. Ganz nach dem Motto „ Wird scho' nix passieren!" gibt es sogar Betriebe, die sich auf Ausritttouren (mitunter 25 Pferde am Stück in einer Gruppe!) mit Anfängern spezialisiert haben.

Was „rechnet" sich für Reitbetriebe?

Aus wirtschaftlicher Sicht kann ich solche Vorgangsweisen verstehen, aber unter dem Gesichtspunkt der Sicherheit für Reiter und Achtsamkeit mit dem Pferd nicht entschuldigen. Mag vielleicht auch oft niemand dabei zu Schaden kommen, kann davon ausgegangen werden, dass es für ein Pferd kein Vergnügen ist, einen wenig erfahrenen Reiter über Stock und Stein zu transportieren.

Es ist verflixt: Will ein Betrieb hochwertige Arbeit machen, muss er deutlich höhere Preise haben, um den Aufwand des Einzelunterrichtes zu rechtfertigen – immerhin stehen die anderen Pferde ungenützt herum, während mit einem Schüler gearbeitet wird. Die Preisgestaltung ist für Kunden oft schwer nachvollziehbar, zumal es immer wieder im Nachbarort eine Reitstunde zum Dumpingpreis gibt! Dass dort möglicherweise noch 10 andere in der Gruppe reiten, wird selten als Übel angesehen.

Es braucht Alternativen, um einerseits das Überleben vieler Betriebe zu sichern und andererseits die Sicherheit für Schüler zu erhöhen und letztlich die Qualität im Reitsport zu erhöhen.

Erprobte und erfolgreiche Alternativen habe ich in diesem Buch bereits beschrieben.

Wirtschaftlichkeit, Qualität und Sicherheit müssen kein Widerspruch sein!

Der Blick für das Wesentliche – Unfallgefahren erkennen

Ich habe in den vorigen Kapiteln alle Überlegungen zu dem Schwerpunkt Sicherheit argumentiert.

Pferdehaltung (Umgebung) – ein ausgeglichenes Pferd ist ein sichereres Pferd.

Pferdeerziehung – ein gut erzogenes Pferd gewährleistet einen gefahrloseren Umgang.

Pferdeausbildung – ein ausgebildetes Pferd schafft die Grundlage für sicheres Reiten.

Materialkunde – hochwertige Materialien halten länger und sind somit sicherer.

Nicht zu vergessen ist dabei aber auch das Wissen um individuelle und entwicklungspsychologische Besonderheiten des Menschen. Menschenverstand und Empathie schaffen ebenso Sicherheit im Reitunterricht!

> **Einfühlungsvermögen** – Einfühlung in Reitschüler schafft Sicherheit für Menschen!

Gerade über das Thema Sicherheit kann nicht genug nachgedacht und diskutiert werden. Mitunter geraten Menschen richtiggehend in Streit darüber, was denn nun richtig sei in Bezug auf Sicherheit für Reiter oder Pferd. Was ist nun richtig? Was ist falsch und absolut indiskutabel? Ich erinnere mich daran, als das Modell Reitkappe mit Kinnschutz auf den Markt kam. Damals wurde der neue Schutz als grandiose Innovation so lange propagiert, bis Unfallstatistiken das Gegenteil dazu bewiesen und der Kinnschutz wieder vom Markt genommen wurde.

Fragen rund um die Sicherheit müssen immer wieder neu gestellt werden.

Auch beim Voltigieren, dem Turnen am Pferd, ist das Tragen einer Kappe gefählicher, als keine zu tragen, weil die Kappe bei den Übungen und den Aufbauten bis zu drei Personen am Pferd sehr stören würde. Viele Diskussionen für und wider unterschiedlicher Sicherheitsmaßnahmen im Voltigiersport können und sollen geführt werden, da bei den Dreieraufbauten das letzte, meist jüngste Kind immerhin etwa 2,5 Meter in die Tiefe stürzt.

Ich arbeite nach einem interessanten Ansatz, dem „circle of safety", der einen praktikablen Handlungsansatz in Fragen der Sicherheit bietet. Nicht Kausalschlüsse und vorgefertigte Meinungen helfen, die Sicherheit zu erhöhen, sondern zirkuläres Denken.

> Der **„circle of safety"** gibt Aufschluss über einen möglichen Umgang mit Sicherheitsfragen.

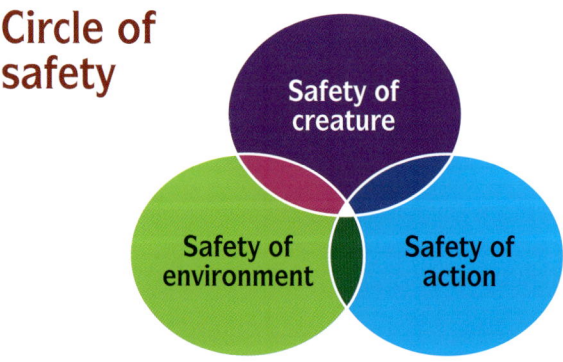

Mit freundlicher Genehmigung „circle of safety" © Martin Haller

Was besagt dieser Sicherheitszirkel im Konkreten?

Safety of environment

Gemeint sind alle, aber auch wirklich alle Umstände im Zusammenhang mit der Umgebung von Pferd und Reiter. Vom herausstehenden Nagel, über die tägliche Futtermenge bis zum abgestellten Kinderwagen.

Im Schnittpunkt aller Themenkreise liegt die höchstmögliche Sicherheit.

Safety of creature

Damit ist jede auch nur denkbare Gefahr ausgehend von verschiedenen Lebewesen gemeint. Der Hofhund, die grundsätzlichen Charaktereigenschaften eines Pferdes, der Ausbildungsstand des Pferdes, die reiterliche Qualifikation eines Menschen, die lästigen Bremsen im Sommer ...

Safety of action

Hier geht es um die aktuelle und konkrete Situation. Von der Wetterlage, über die Tagesverfassung von Mensch und Pferd, über den herannahenden Traktor bis hin zum läutenden Telefon.

Jedes Thema hat zum Ziel, die größtmögliche Sicherheit für den Betroffenen unter Berücksichtigung der von ihm geforderten Tätigkeiten zu gewährleisten. So ist ein Hufschmied, der Schuhe mit Stahlschutzkappen trägt, wesentlich besser geschützt als einer mit Schuhen ohne. Würden solche Schuhe beim Voltigieren getragen werden, würden sie die vielfältigen Übungen am und mit dem Pferd allerdings unmöglich machen.

Alle Fragen der Sicherheit werden über zirkuläre Fragenstellungen bearbeitet. Die unterschiedlichen Themenkreise können so möglichst erschöpfend erarbeitet werden. Wird aber nur ein Kreis beachtet und der womöglich nur mangelhaft, entsteht insgesamt ein größeres Risiko. Erst im Schnittkreis aller Themenkreise ergibt sich die optimale Sicherheit für Mensch und Tier.

Ein derartiges Modell erlaubt das seriöse **Abwägen von Chancen und Gefahren** im Umgang mit Pferden.

Es ist nie möglich, absolute Sicherheit beim Umgang mit Pferden zu schaffen. Das geht prinzipiell in keinem Lebensbereich, da nicht einmal Maschinen 100 % sind, ein Fluchttier schon gar nicht. Menschen lassen sich leider sehr leicht dazu verleiten, einer angeblichen Sicherheit zu sehr zu trauen. Wie gemütlich erscheint z. B. auch eine Fahrt im Auto! Würde man sich bei jedem Fahrtantritt die jährlichen Unfallzahlen ins Gedächtnis rufen, würden möglicherweise manche mit dem Autofahren aufhören! Wie schaut es mit dem Alpinskifahren aus? Bei 34.800 Unfällen ab dem

100 % Sicherheit gibt es nicht!

15. Lebensjahr mit Spitalsbehandlung (Quelle: Kuratorium für Verkehrssicherheit 2006) könnte so manchem Skifahrer das Grausen kommen!

Unfälle können nicht ausgeschlossen werden. Im Verkehr und auf der Piste, wo viele Menschen zusammenkommen, lassen sich viele Dinge nicht im Vorhinein einschätzen. Mit einem gewissen Prozentsatz an „Wahnsinnigen" muss einfach gerechnet werden! Beim Pferd ist man oft, natürlich nicht immer, selber verantwortlich, wenn ein Unfall geschieht. Oft ist etwas übersehen worden oder man hat das Verhalten des Pferdes falsch eingeschätzt, obwohl sich das Pferd durchaus, seiner Natur entsprechend, verhalten hat.

Sicherheit im Umgang mit Pferden wird immer ein Abwägen unterschiedlicher Gesichtspunkte sein. In diesem Sinne steht das Pferd sinnbildlich für die Unbekannten des Lebens. Auch hier kann man nur abwägen und abschätzen und letztlich das Leben mutig und überlegt angehen. In jedem Risiko liegt auch eine Chance! Bin ich mutig oder schon übermütig oder gar wagemutig?

So, wie man Kinder einmal ins Leben entlassen muss, wird auch ein verantwortungsvoller Reitunterricht den Strick, die Longe eines Tages aushängen und darauf vertrauen, dass genug Grundlagen gelegt worden sind, um den weiteren Anforderungen des Reitens gerecht werden zu können.

Pferde stehen sinnbildlich für die Unbekannten des Lebens.

Die Reitschule der Zukunft

Ich schütze nur, was ich liebe.
Ich liebe nur, was ich kenne.
Ich kenne nur, was ich wahrnehme.
Ich nehme nur wahr, was eine Bedeutung für mich hat,
... und diese Bedeutung vermitteln Erwachsene den Kindern.
(R. Knauer und P. Brandt)

Jede Lehrsituation hat immer mit pädagogischen Entscheidungen zu tun. Wie verhalte ich mich in einer jeweiligen Situation? Was sage ich, was nicht? Die Reitschule der Zukunft wird immer das Team Pferd/Mensch in den Mittelpunkt des Interesses stellen. Moderner Reitunterricht will mehr als nur die Vermittlung von Reittechnik. Er gründet sich auf ein gereiftes Menschenbild.

Gedanken zum Menschenbild – Wie stehe ich zu meinen Reitschülern?

Jedem pädagogischen Konzept liegt ein bestimmtes Menschenbild zugrunde. Oft ist diese innere Haltung unbewusst. Reflektierendes Unterrichten macht es jedoch notwendig, diese Haltungen in das Bewusstsein zu heben.

Wesentlich ist, dass der Mensch als Einheit verstanden und ihm Veränderung zugestanden wird. Es soll bewusst gemacht werden, dass er in

einem bestimmten Lebensumfeld steht, das ihn prägt. Jeder zwischenmenschliche Kontakt ist zwingend davon beeinflusst. Kein Mensch ist ohne Geschichte, und diese Geschichte spielt in alle Lebensbereiche hinein. Jeder Mensch kann zu jeder Zeit neue Erfahrungen machen und diese in sein aktuelles Leben und seine Anschauungen integrieren.

Leitgedanke der ganzheitlichen Reitpädagogik ist das Bewusstsein, dass Menschen zutiefst soziale Wesen sind, die gelungene zwischenmenschliche Kontakte brauchen, um sich optimal entwickeln zu können. Vertrauensvolle Beziehungen schaffen die Grundlage für ein erfolgreiches Lernen.

Vertrauensvolle Beziehungen schaffen die Grundlage für ein erfolgreiches Lernen.

Leitfaden für einfühlendes Handeln im Reitunterricht oder wie zwischenmenschliche Beziehungen den Lerneifer fördern

Die Menschen wissen nicht, wie schön es in Kinderherzen aussieht,
in denen die Liebe aufblüht; sie wissen aber auch nicht,
wie zart die Pflanze ist in ihrem Frühling,
und wie leicht ein Frost sie lähmt oder tötet.
(Jeremias Gotthelf)

Die 2008 erschienene Studie von Christoph Mechtler belegt, dass an erster Stelle der Wünsche, die Reitschüler an ihre Lehrer richten, das Einfühlungsvermögen steht.

Moderne Forschungen bestätigen die Wichtigkeit der seelischen Auseinandersetzung mit dem Mitmenschen für die Entwicklung seiner Gesamtpersönlichkeit.

Menschliches Fühlen ist aber sehr vielschichtig und differenziert. Selbst die Bewegungslehre als Teildisziplin der Sportwissenschaften fordert einen ganzheitlichen Zugang und beschreibt unterschiedliche Zugänge beim Vermitteln von sportlichen Inhalten!

Das Einfühlungsvermögen des Reitlehrers steht auf der Wunschliste ganz oben.

Einen praktikablen methodischen Zugang für einfühlendes Handeln hat Hilarion Petzold entwickelt. (Er ist der Begründer der integrativen Bewegungstherapie.)

Er beschreibt in seiner hermeneutischen Spirale folgenden Ablauf:

1. Wahrnehmen	**3.** Verstehen
2. Erfassen	**4.** Erklären

Auch das Pferd selbst soll vom Kind bewusst wahrgenommen werden. Begrüßen und Verabschieden gehören deshalb zu den fixen Ritualen beim FEBSen und der ganzheitlichen Reitpädagogik.

Auf den Reitunterricht übertragen, bedeutet das, dass jede Reitstunde mit dem Bewusstsein beginnt wahrzunehmen, was ist. Also beispielsweise die Haltung zu Pferd, der Gesichtsausdruck, die Stimmung des Reiters und die Tagesverfassung des Pferdes sollen kurz besprochen werden. Im Prozess des Verstehens nützt der Reitlehrer sein fachliches Wissen und stellt Querverbindungen beispielsweise zur Bewegungslehre, Psychologie, Pädagogik und Reittheorie her. Erst dann ist er in der Lage, seinem Schüler Zusammenhänge zu erklären, wobei die Methode des „Erklärens" unterschiedlich sein soll. Zusammenhänge lassen sich mitunter auch aus einem Spiel heraus „erklären". Erklären meint allerdings nicht ausschließlich das sprachliche Vermitteln, sondern lässt eine Methodenvielfalt zu.

Einen anderen, ebenso nachvollziehbaren Zugang zur Einfühlung in andere Menschen beschreibt der Mediziner und Psychotherapeut Joachim Bauer. Er gründet seine Annahme auf Forschungsergebnisse der Neurobiologie. Dabei unterstützen positive zwischenmenschliche Beziehungen die Motivation des Menschen. Wir haben an anderer Stelle des Buches festgestellt, dass es unterschiedliche Motive für den Wunsch, Reiten zu lernen, gibt. Was fördert jedoch den Lernerfolg? Anerkennung, Zugewandtheit und Vertrauen seien der neurobiologische Treibstoff für Motivation.

Liebevolle Zuwendung zum Kind

Welche Voraussetzungen braucht aber eine gelingende zwischenmenschliche Beziehung?

1. Sehen und Gesehenwerden (im Sinne des Wahrnehmens des anderen)
2. Gemeinsame Aufmerksamkeit gegenüber etwas Drittem
3. Emotionale Resonanz
4. Gemeinsames Handeln
5. Das wechselseitige Verstehen von Motiven und Absichten

Wenn Reitlehrer ihre Schüler wie einen unter vielen betrachten, ist das für die Schüler regelrecht ein „Motivationskiller". Sehen und Gesehenwerden gibt der Unsitte, im Unterricht den Namen des Pferdes zu nennen anstelle des Namens des Reiters, eine eindeutige Absage. Auch Formulierungen, wie „Du da auf dem Schimmel" sind wenig vertrauensfördernd. Generelle

Nichtbeachtung führt bei den Schülern sogar zu aggressiven Verhaltensäußerungen.

> Geringschätzung der Interessen anderer wird als Kränkung erlebt. Den **Interessen der Reiter Aufmerksamkeit zu schenken**, schafft dagegen Verbindung zu ihnen.

Sich gegenseitig zuzuhören und Anteil zu nehmen, sorgen für ein gutes Klima im Stall. Einem Kind, das eine kleine Wunde am Pferd entdeckt und dessen Hinweis einfach übergangen wird, ist zu Recht gekränkt, dass es nicht beachtet wird.

Gemeinsame Aufmerksamkeit für das Pferd

Die Fähigkeit zur emotionalen Resonanz ist ein besonders wichtiger Faktor für gelingende Beziehungen. Ein Zeichen fehlender Resonanz wäre es, einem Kind, das sich gerade über seinen reiterlichen Erfolg freut, zu sagen, es hätte noch besser sein können. Auch selbst keine Begeisterung für die eigene Arbeit zu haben, wirkt ebenso wenig motivierend auf die Schüler.

Als Reitlehrer mit anzupacken und beim Putzen und Satteln der Pferde mitzumachen, ist beziehungsstiftend und daher auch motivierend. Eine reitpädagogische Betreuung oder eine ganzheitlich orientierte Reitstunde ohne aktive Beteiligung des Reitlehrers ist undenkbar. Gerade das gemeinsame Handeln zeigt die hohe Qualität dieses Ansatzes!

Motive, Absichten, Vorlieben, aber ebenso Abneigungen beim anderen zu erkennen, stellt eine hohe Kunst in der Beziehungsgestaltung dar. Den anderen zu verstehen, erfordert die Bereitschaft, sich aktiv und immer wieder neu mit dem Menschen auseinanderzusetzen. Den anderen verstehen zu wollen, ist durchaus anstrengend. Wesentlich leichter ist es, ihn durch vorgefertigte Schemata in eine Schublade zu stecken und dementsprechend abzustempeln.

Reitschüler wollen begeistert werden!

Kein Reitschüler wird gerne in angstvolle Situationen gebracht. Situationen, die überfordern, machen hilflos. Niemand wird gerne beschämt oder ausgelacht. Dinge tun zu müssen, die einem widerstreben, körperliche Schmerzen aushalten zu müssen und in manchen Situationen von Reitkollegen verachtet zu werden – das ist kein Spaß. Moderne Reitställe sind keine Kasernen, wo jungen Rekruten Gehorsam beigebracht wird.

Moderne Reitlehrer wollen ihre Schüler begeistern!

- Sie hinterfragen, welche Aufgaben und Aussagen **Furcht** erzeugen.
- Sie vermeiden Situationen (Überforderung, Zeitdruck ...) und Aussagen, die **Wut** erzeugen.
- Sie beschämen niemanden und lassen **Beschämungen** durch andere nicht zu!
- Sie führen ihre Schüler langsam an die notwendigen Pflegehandlungen des Pferdes heran – **Ekelgefühle** werden ernst genommen!
- Sie erzeugen kein **Leid** und achten auf ein Klima der gegenseitigen Akzeptanz.
- Niemand wird erniedrigt und **Erniedrigung** durch andere wird nicht zugelassen.
- Sie bleiben sachlich und erzeugen im anderen keine **Schuldgefühle!**

Moderne Reitlehrer ...

Schau mal!

- wecken das **Interesse** der Reiter!
- lassen in den Reitstunden **Freude** und Fröhlichkeit aufkommen!
- fördern die Schüler, so dass sie in ihrem **Selbstwert** bestärkt werden, und unterstützen ihre Selbstverantwortung!
- ermöglichen das Kuscheln mit dem Pferd als wichtige Erfahrung der **Nähe** und schaffen Inseln der **Geborgenheit.**
- nehmen die Gefühle ihrer Schüler ernst und interessieren sich für die **Motive** des einzelnen Schülers.
- berücksichtigen **das Alter** und **Können** ihrer Reitschüler und geben individuellen Unterricht.

Reitschüler sind begeistert, wenn sie auf sichereren Pferden reiten und ein intensives Reitvergnügen genießen können.

Reitschüler sind begeistert, wenn sie darauf vertrauen können, dass die Haltungsbedingungen den Bedürfnissen des Pferdes entsprechen.

Reitschüler sind begeistert, wenn ihre Lehrer begeisterungsfähig sind!

Reitschüler sind begeistert, wenn sie willkommen sind!

Planung und Umsetzung in der ganzheitlichen Reitpädagogik

Die Reitgruppen werden nach Alter und Können zusammengestellt. Dadurch ist es möglich, die ganze Gruppe gezielt zu fördern.

Die Reitstunden werden schon vorher geplant und das individuelle Können der Reiter wird dabei berücksichtigt. Eine Langzeitplanung, die über einen längeren Zeitraum hinweg überlegt wurde, und eine Kurzzeitplanung, die eigentliche Reitstunde, geben den Rahmen für die Arbeit.

Jede Reitstunde hat einen inneren Aufbau, eine didaktische Struktur. Erst die Struktur ermöglicht es, emotionale Aspekte in den Reitunterricht einfließen zu lassen und gleichzeitig gutes Reiten zu unterrichten. In der ganzheitlichen Reitpädagogik unterscheide ich 2 Ebenen der Planung.

Die Grobstruktur besteht aus

- Hinführungsphase
- Aktionsphase
- Reflexionsphase

Ich lerne spielend Reiten.

Didaktisches Konzept der ganzheitlichen Reitpädagogik: Schematische Darstellung einer Kurzzeitplanung

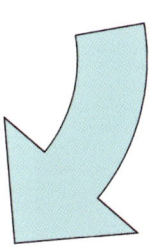

Aktionsphase
Kreative Arbeit zum Thema
Phase der Wertschätzung

Reflexionsphase
Reflexion
Ruhe und Entspannung
Verabschieden
Versorgen, Ausklang

Hinführungsphase
Ankommen
Begrüßung des Pferdes
Pferd herrichten
Einführung in das Thema

In der **Hinführungsphase** wird das Thema der Stunde angeregt oder Ideen aus der Gruppe aufgenommen. Die Idee der Umsetzung wird besprochen, erfühlt.

In der **Aktionsphase** lassen sich die Reiter auf die Impulse ein und setzen sich aktiv damit auseinander.

Die **Reflexionssphase** ermöglicht, das Gelernte in das bisherige Erfahrungsspektrum, aber auch in die eigene Persönlichkeit zu integrieren.

Die **Feinstruktur** führt in die zweite Planungsebene. In ihr ist die Begrüßung und Verabschiedung des Pferdes vorgesehen sowie das aktive Erarbeiten von Spielangeboten oder reiterlichen Problemstellungen. Auch die Phase der Wertschätzung für jeden einzelnen Reiter und das Pferd ist in der zweiten Ebene verankert.

Der Zeitrahmen kann je nach Angebot variieren. Die Struktur ist anwendbar auf das Abhalten einer üblichen Reiteinheit von 50–60 Minuten und kann bis zur Gestaltung eines Nachmittages ausgeweitet werden.

Es werden außerdem unterschiedliche Materialien eingesetzt. Bei der Auswahl ist darauf zu achten, dass diese weder für die Kinder noch für das Pferd gefährlich sein können. Die Wahl der Materialien lässt jeden Spielraum offen. Oft werden spezielle Spiele entwickelt und erzeugt. Ideal ist es dann, wenn sich ein Spiel für unterschiedliche Varianten eignet. Auf den Fotos findet der Leser die Standardausrüstung für den ganzheitlichen Reitunterricht.

Der gezielte Wechsel unterschiedlicher Organisationsformen ist Kennzeichen der ganzheitlichen Arbeit.

Vielfältige Materialien regen einen kreativen Unterricht an.

Auch mit Naturmaterialien können spannende Erfahrungen gemacht werden.

Bei der Entscheidung, welche Methode zur Anwendung kommen soll, wird berücksichtigt:

- das Alter der Reiter
- das Können der Reiter
- die aktuelle Tagesverfassung von Reitern und Pferden
- die aktuellen Rahmenbedingungen

Der Faktor **Sicherheit** steht bei der Auswahl im **Vordergrund!**

Die Anzahl der Pferde muss nicht, kann aber mit der Anzahl der Reiter übereinstimmen.

Das System der Bokis und Reikis ermöglicht sinnvolle und lehrreiche Angebote, die dem Erlernen des Reitens sehr entgegenkommen.

Als Organisationsformen innerhalb der Reiteinheit gibt es das bekannte Hintereinanderreiten, das Durcheinanderreiten und das Einzelreiten.

Darüber hinaus werden folgende Formen angewendet:

- Führen des Pferdes
- Longieren des Pferdes
- Begleiten des Pferdes an der Seite, ohne es zu führen
- Langzügel: Der Reitlehrer führt das Pferd mittels langen Leinen hinter dem Reiter
- Angebote zur Bodenarbeit
- Angebote ohne Pferd

Der abgegrenzte Spielbereich ist typisch für die reitpädagogische Betreuung FEBS.

Thematische Schwerpunkte, wie die Durchführung unterschiedlicher Projekte, beispielsweise Waldtage, Feiern im Rahmen des Jahreskreises und interne Stallturniere, beleben den Ablauf eines Stalljahres.

In der reitpädagogischen Betreuung FEBS gelten andere, abgewandelte didaktische Strukturen. Sie sind auf die besonderen Bedürfnisse jüngerer Kinder zugeschnitten. Dass das Pferd dabei immer geführt wird, habe ich mehrmals erwähnt. Auch dieses Konzept lebt von dem Einsatz der Bokis und Reikis.

Ganzheitliche Reitpädagogik nach Dell'mour®

Reitpädagogische Betreuung – FEBS

Ganzheitliche Reitpädagogik – GRiPs

Ein Pferd mit Reitgurt – Geführtes Reiten

2–4 Kinder oder größere Gruppen mit Helfern, Reitkind und Bodenkinder

Anzahl der Pferde wird auf Können der Gruppe ausgelegt mit Gurt und/oder Sattel verschiedene Führ- und Longier-techniken im Wechsel bis zum freien Reiten

Einzel- oder Kleingruppen-unterricht, Reiter und Assistent

Die Freundschaft zu Pferden kann eine wesentliche Stütze sein!

Mehr als nur Reiten lernen – der Weg in die Zukunft

Kinder sind die besten Lehrmeister, die man wählen kann.
(Johann Wolfgang von Goethe)

Reiten kann für die Gesamtpersönlichkeit des Menschen positiv sein. Moderner Reitunterricht nimmt auf die veränderten gesell-schaftlichen Bedingungen Rücksicht und unterstützt nicht nur ta-lentierte Reiter, sondern ermöglicht auch weniger sportlichen Men-schen aller Altergruppen positive Erfahrungen. (Achtung! Die reitpädagogische Betreuung FEBS ist speziell für Kinder zwischen 3 und 10 Jahren entwickelt worden und eignet sich weniger für äl-tere Kinder!) Reitschüler werden ermutigt und zu Kreativität ange-regt. Nicht die genormte Leistung steht im Vordergrund, sondern die individuelle.

Das Besondere am Reiten ist neben der motorischen Anre-gung der **Kontakt zum Tier.** Dieser zusätzliche Aspekt ist im Unterschied zu anderen Sportarten wesentlich ausgeprägter und trägt zusätzlich zur **Entwicklung der Gesamtpersön-lichkeit** bei.

Selbständiges Auf- und Absteigen unterstützt das Kind bei der Entwicklung von Selbständigkeit.

Das Pferd kann nicht einfach in die Ecke gestellt werden, sondern fordert umfangreiche Pflege und Betreuung ein. Ein Tier leidet, wenn es nicht richtig versorgt wird. Menschen lernen im Gegenzug über den Umgang mit Tieren Verantwortung und Verlässlichkeit.

Pferde bringen uns Menschen Gefühle entgegen und können die Funktion eines Freundes einnehmen. Reiter verbringen oft einen Großteil ihrer Freizeit mit Pferden.

Das Konzept der ganzheitlichen Reitpädagogik berücksichtigt die große Verantwortung, die Reitlehrer tragen, Menschen und Pferde im Unterricht zusammenzuführen. Gleichzeitig will es die vielfältigen Chancen nützen, die im Kontakt mit Pferden liegen. Der pädagogische Ansatz ermöglicht einen dem Alter entsprechenden, einfühlsamen Unterricht, der auf alle Reitweisen anwendbar ist. Die reitpädagogische Betreuung ist speziell auf die Bedürfnisse jüngerer Kinder zugeschnitten, die ganzheitliche Reitpädagogik hingegen schafft ein individuelles Angebot für alle Altersgruppen.

Der Reitunterricht will den Menschen erreichen und ein Lernumfeld schaffen, das für seine Persönlichkeit umfassend bedeutsam ist.

Anhang

Glossar

Aussitzen: harmonisches Zusammenspiel der Reitbewegung im Trab. Der Reiter bleibt dabei am Pferderücken sitzen und hebt sich nicht davon weg.

Balancesitz: Ein Turm, aus Spielbausteinen gebaut, muss bestimmten physikalischen Gesetzen gehorchen, damit er stabil stehen kann. Genauso muss die Körperarchitektur des Reiters aufeinander abgestimmt sein, damit der Sitz im labilen Gleichgewicht ausbalanciert ist.

Decke und **Reitgurt:** Auf dem Rücken des Pferdes liegt eine dicke Reitdecke. Ein Reitgurt mit 2 großen Griffen sorgt für die nötige Sicherheit. Das Pferd wird aufgedeckt statt aufgesattelt.

Dressur-Einzelunterricht: Eine Reiterin zu Pferde nimmt Unterricht mit dem Ziel, Reiten zu lernen bzw. ihre Kenntnisse zu vertiefen.

FEBS: ist die Bezeichnung für die Reitpädagogische Betreuung und steht für **F**antasie, **E**rlebnis, **B**ewegung und **S**piel.

Gangarten: angeborene Lauftechniken beim Pferd, meist 3 – Schritt, Trab, Galopp

GRiPs: steht für **G**anzheitliche **Rei**t **P**ädagogik und verdeutlicht den Einsatz derselben, um ganzheitliche Zusammenhänge zu begreifen. GRiPs brauchen Lehrer wie Schüler!

Große Tour: ein Kreis als vorgeschriebene Figur, der etwa die Hälfte oder ein Drittel des Platzes ausfüllt.

Kleine Tour: ein Kreis mit einem Durchmesser von 7–10 m je nach Ausbildungsstand des Pferdes

Heilpädagogisches Reiten und Voltigieren: Sind zusammengefasst-pädagogische, psychologische, rehabilitative und soziointegrative Angebote mit Hilfe des Pferdes bei Kindern, Jugendlichen und Erwachsenen mit verschiedenen Problemstellungen. Das HPVR gehört zum therapeutischen Reiten und darf nur von ausgebildeten Fachkräften durchgeführt werden.

Hilfszügel: diverse Zusatzzügel, die entweder dem Pferdekopf den Weg in die Tiefe weisen sollen oder das Pferd unterstützen sollen, an den Zügel zu treten. Alle, die verwendet werden, müssen sorgfältig auf die gewünschte Wirkung und Dauer des Einsatzes überprüft werden!

Hindernis: am Boden stehende Aufbauten, die das Pferd überwinden muss.

Hohe Schule: Dressurlektionen mit Sprüngen über der Erde, z. B. die Levade

Hufschlagfiguren: vorgeschriebene, genau definierte Figuren in der Reitbahn mit dem Ziel, die Muskulatur des Pferdes optimal auszubilden.

Ich-Kompetenz: umfassendes Wissen und Empfinden meiner eigenen Person gegenüber anderen Lebewesen.

Kandare: spezielles Gebiss mit Hebelwirkung und Unterlegtrense, welches ab Klasse L der Dressur verwendet wird. Es gibt auch Westernkandaren. Die Verwendung setzt eine entsprechend weite Ausbildung des Pferdes und einen ausbalancierten Sitz der Reiters mit unabhängiger Hand voraus.

Lektionen: vorgeschriebene, genau definierte Übungen und Bewegungsformen des Pferdes.

Personifizieren: bezeichnet einen Vorgang der Vermenschlichung. Dingen oder Tieren werden menschliche Eigenschaften zugeschrieben.

Pleasure: aus dem Westernreiten, ruhig, langsam und gelassen gehendes Pferd in allen drei Grundgangarten

Rückenwirbelbrücke: Geht ein Pferd in Dehnungshaltung, entsteht eine tragfähige Rückenwirbelbrücke. Der Rücken wölbt sich auf und beginnt zu schwingen. Pferde, die gelernt haben, ihren Rücken aufzuwölben, lassen sich gut aussitzen. Das Gegenteil sind Pferde mit hochgeworfenen Köpfen mit weggedrückten Rücken, die sich schlecht aussitzen lassen.

Sachkompetenz: Eine Sache wird umfassend verstanden und beherrscht.

Schritt, Trab, Galopp: Gangarten, im Tempo steigernd

Sozialkompetenz: hohe Fähigkeit, mich als soziales Wesen in die Gruppengemeinschaft einbringen und darin auch Konflikte lösen zu können.

Tellington-TTeam-Methode: erfolgreiche Ausbildungsmethode und Erziehungspraxis für Pferde. Bestimmte Führtechniken und Massageformen beeinflussen die Persönlichkeit des Pferdes nachhaltig.

Turnier: Wettbewerb in der Reiterei. Ein Richter beurteilt die Leistung von Pferd und Reiter.

Voltigieren: turnerische Übungen am Pferd einzeln oder in der Gruppe. Es können bis zu drei Personen auf dem Pferd turnen. Die Übungen sind oft regelrecht akrobatisch.

Vorhandwendung: Lektion, bei der das Pferd mit den zwei Vorderbeinen stehen bleibt und sich mit dem Körper um 180 Grad um die eigene Achse dreht.

2. Hufschlag: entlang der äußeren Begrenzung eines Platzes verläuft der 1. Hufschlag. Der zweite ist einen Meter neben dem ersten. Darauf ist schwerer zu reiten, weil dem Pferd die begrenzende Wand fehlt.

Literaturverzeichnis

Albrecht, Kurt: Dogmen der Reitkunst. Orac, Pietsch, Wien 1981

Baum, Marlene: Das Pferd als Symbol. Fischer Verlag, Frankfurth/M. 1991

Bauer, Joachim: Das Gedächtnis des Körpers. Wie Beziehungen und Lebensstile unsere Gene steuern. Piper, München 2004

Bauer, Joachim: Warum ich fühle, was du fühlst. Intuitive Kommunikation und das Geheimnis der Spiegelneurone, 7. Auflage. Hoffmann und Campe Verlag, Hamburg 2005

Bauer, Joachim: Prinzip Menschlichkeit. Warum wir von Natur aus kooperieren. Heyne, München 2006

Blendinger, Wilhelm: Psychologie und Verhaltensweisen des Pferdes. Parey, Berlin 1988

Bürger, Udo: Vollendete Reitkunst. Parey, Berlin 1959

Dornes, Martin: Die Seele des Kindes. Entstehung und Entwicklung. S. Fischer Verlag, Frankfurt/M. 2006

Deppisch, Juliane: Das Pferd als Medium mototherapeutischer Interventionen. In: Passolt, Michael (Hrsg.): Mototherapeutische Arbeit mit hyperaktiven Kindern. Ernst Reinhardt Verlag, München 1996

Euler, Harald/**Adolph**, Helga (Hrsg.): Warum Mädchen und Frauen reiten: eine empirische Untersuchung. Universitätsbibliothek Kassel 1994

Fritz-Schubert, Ernst: Ein seelisches Polster aufbauen. In: Gehirn & Geist, Serie Kindesentwicklung, Nr. 3, 2009

Gebhard, Ulrich: Kind und Natur. Die Bedeutung der Natur für die psychische Entwicklung. Westdeutscher Verlag, Opladen 1994

Hobmair, Hermann (Hrsg.): Pädagogik. Köln, Stam 1994

Höhmann- Kost, Annette: Bewegung ist Leben. Integrative Leib- und Bewegungstherapie – eine Einführung, 2. Auflage. Verlag Hans Huber, Bern 2002

Illichmann, Hedwig: Identitätskrisen als Entwicklungsimpulse, therapeutische Einsichten in die Konzentrative Bewegungstherapie. Verlag modernes lernen, Dortmund 1997

Kastner, Josef/**Zechner-Trummer**, Ulrike: Selbstgeführtes Bewegungstraining für den Reiter, 2. Auflage. Verlag Paul Parey, Berlin, Hamburg 1993

Knopfhart, Alfred: Dressur von A–S. 3. Auflage. Parey, Berlin, Hamburg 1990

Liljenroth-Denk, Asa: Mythos Pferd. Heilbringer aus alter Zeit. AMA-Verlag, Halmstad 2003

Mechtler, Christoph: Marktsegmentierung von Pferdesportlern in Österreich – Motive, Ausübungsgewohnheiten, u. v. m., Studie des Bundesfachverbandes für Reiten und Fahren in Österreich 2008

Mecklenfeld, Dorothee: Spürend leben lernen. Somatische Wege für die Körper-Seele. verlag modernes lernen, Dortmund 1997

Meyners, Eckhard: Bewegungsgefühl – das innere Auge des Reiters. Walter Rau Verlag, Düsseldorf 1996

Meyners, Eckart: Reitpädagogische Grundlagen für den Ausbildner im Reitsport. 2. überarbeitete Auflage.: Reitverband Hannover – Bremen (Hrsg.), Hannover, Bremen 1992

Michel, Christian/**Novak**, Felix: Kleines Psychologisches Wörterbuch, 3. Auflage. Verlag Herder, Freiburg im Breisgau 1975

Oerter, Montada: Entwicklungspsychologie. 2. Auflage. Psychologie Verlags Union, München, Weinheim 1987

Oliviera, Nuno: Gedanken über die Reitkunst. Bd. 4. Olms-Presse, Hildesheim, Zürich, New York 1999

Pierson, Melissa: Frauen und Pferde. Eine Leidenschaft. Hoffmann und Campe, Hamburg 2001

Petzold, Hilarion G.: Integrative Bewegungs- und Leibtherapie. Ein ganzheitlicher Weg leibbezogener Psychotherapie. 3. Auflage. Junfermann, Paderborn 1996

Reichel, Auguste, René: Mit Angst, Lust und Aggression leben. Heilsame Gedanken und Methoden für Erziehung und Beratung. Ökotopia Verlag, Münster 2005

Reichel, René/**Svoboda**, Ursula: Selbstverantwortung fördern. Individuelles Lernen begleiten. Veritas Verlag, Linz 2008

Rumpf, Horst: Diesseits der Belehrungswut. Pädagogische Aufmerksamkeiten. Juventa Verlag, Weinheim 2004

Seunig, Waldemar: frauen, pferde, bücher, Aphorismen. Erich Hoffmann Verlag, Heidenheim 1955

Seunig, Waldemar: Von der Koppel zur Kapriole. Verlag St. Georg Erna Marschall, Berlin 1943

Swift, Sally: Reiten aus der Körpermitte. Pferd und Reiter im Gleichgewicht. 2. Auflage. Müller Rüschlikon, Zürich 1990

Tellington-Jones, Linda/**Bruns**, Ursula: Die Tellington-Methode: So erzieht man sein Pferd. Albert Müller Verlag, Zürich 1985

Sonstige Quellen

http://wikipedia.org/wiki/Bewegungswissenschaft

Adressenverzeichnis

Ausbildungsinstitute

LFI OÖ

Ländliches Fortbildungsinstitut (LFI) Oberösterreich
Auf der Gugl 3
4021 Linz
Telefon: 050/6902-1500
Fax: 050/6902-91500
E-Mail: info@lfi-ooe.at
Internet: www.lfi-ooe.at

LFI Salzburg

Ländliches Fortbildungsinstitut (LFI) Salzburg
Maria-Cebotari-Straße 5
5020 Salzburg
Tel.: 0662/641248
Fax: 0662/641248-329
E-Mail: lfi@lk-salzburg.at
Internet: www.lfi.at/sbg

LFI Tirol

Ländliches Fortbildungsinstitut (LFI) Tirol
Brixner Straße 1
6020 Innsbruck
Tel.: 05 92 92-1100
Fax: 05 92 92-1199
E-Mail: lfi@lk-tirol.at

LFI NÖ

Ländliches Fortbildungsinstitut (LFI) Niederösterreich
Wiener Straße 64
3100 St. Pölten
Tel.: 02742/259-6100
Fax: 02742/259-6009
E-Mail: lfi@lk-noe.at

LFI Vorarlberg
Ländliches Fortbildungsinstitut (LFI) Vorarlberg
als Bildungseinrichtung der Landwirtschaftskammer Vorarlberg
Montfortstraße 9
6900 Bregenz
Tel.: 05574/400-191
Fax: 05574/400-600
E-Mail: lfi@lk-vbg.at
Internet: www.lfi.at

LFI Kärnten
Ländliches Fortbildungsinstitut (LFI) Kärnten
Schloss Krastowitz
A-9020 Klagenfurt
Tel.: 0463/5850-2513
Fax: 0463/5850-2045
E-Mail: office@lfi-ktn.at
Internet: www.lfi-ktn.atl

Europäische Gesellschaft für Hippologie
Ziegelstr. 3c/34
8045 Graz
Internet: www.hippologie.eu

Dell'mour KG
Seminare, Aus- und Weiterbildungen für Reiten und Therapie
Sabine Dell'mour
Quellenweg 4
9581 Ledenitzen
www.therapiereiten.at

Verein Reitpädagogische Betreuung – FEBS Salzburg
www.febs-verein.at

Verein Reitpädagogische Betreuung – FEBS Tirol
www.reitpädagogische-betreuung.at

Verein Reitpädagogische Betreuung – FEBS OÖ
Reit-, Therapie- und Ausbildungshof Dell'mour® – Voglhub
Voglhubweg 1, 4400 St. Ulrich/Steyr

DVD

Lernen
mit FEBS

LERNEN MIT FEBS

FANTASIE

ERLEBNIS

BEWEGUNG

SPIEL

Reitpädagogische Betreuung

FEBS steht für **F**antasie, **E**rlebnis, **B**ewegung und **S**piel. Diese DVD beinhaltet lustige Spiele mit anderen Kindern, erklärt eine Reitmethode, die einen kindgerechten und sicheren Zugang zum Pferd ermöglicht, und gibt Ihnen nicht nur Informationen über die Reitpädagogische Betreuung, sondern auch über die verschiedenen Sicherheitsaspekte und über Elemente einer für die Reitpädagogische Betreuung relevanten Bewegungslehre.

Die DVD ist im Kundenservice der Landwirtschaftskammer OÖ um € 19,- erhältlich.
Telefon: 050/6902-1000 oder **Fax:** 050/6902-91000 oder **E-Mail:** kundenservice@lk-ooe.at